168 trucos de Feng Shui
para ordenar tu casa y mejorar tu vida

Lillian Too

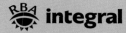

Para los créditos de las fotos, véase la página 160. Se ha intentado por todos los medios establecer contacto
con los propietarios del *copyright* de las imágenes; pedimos disculpas por cualquier posible omisión,
en cuyo caso se debería informar a la editorial británica.

Título original: *Lillian Too's 168 Feng Shui Ways to Declutter Your Home*
Diseño: Jerry Goldie
Cubierta: La Page Original
Traducción: Antonia Torres
Composición: Marquès, S.L.

Publicado por Cico Books, Ltd.
32 Great Sutton Street - London EC1V 0NB

© Cico Books Ltd, 2002
© del texto, Lillian Too, 2002
© de la presente edición, RBA Libros, S.A., 2004
Pérez Galdós, 36 – 08012 Barcelona
rba-libros@rba.es / www.rbalibros.com

Primera edición: Septiembre de 2004

Ref. GO-111
ISBN: 84-7871-083-3

Dedicatoria
Este libro está dedicado a Chris y Jenn –recordad, queridos, un hogar
sin trastos fomenta el movimiento del chi. MAMÀ

Contenido

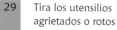

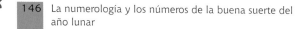

Introducción

Los chinos siempre han interpretado la vida como una manifestación cíclica de momentos yin y yang. Entienden la vida en un contexto de buenas y malas épocas.

Las buenas épocas pueden convertirse en malas, de la misma manera que las fases más oscuras de la vida pueden transformarse en buenos períodos en los que la vida pasa sin contratiempos y todo parece perfecto. Los períodos felices e infelices que experimentamos se reflejan en las capas áuricas que nos envuelven. Estas capas áuricas muestran la energía que se esconde tras nuestros sentimientos y emociones. También manifiestan la calidad individual del espíritu de cada uno, así como la energía de su entorno.

De esta manera, las fuerzas del yin y el yang se mueven en el aire cósmico que te rodea. Cómo influyen en tu bienestar se refleja en la trinidad de la suerte (es decir, la suerte del cielo, de la tierra y de la humanidad) que concierne a todos los seres humanos.

No obstante, existen aspectos de nuestra vida que no podemos controlar. Estos aspectos están relacionados con lo que se conoce como «suerte del cielo» (es decir, el destino que te es asignado en el momento en que llegas a este mundo). La suerte celestial representa un tercio de las energías que influyen en tu bienestar.

También existen la «suerte terrenal» y la «suerte humana», que están bajo nuestro control y que, juntas, pueden ser lo suficientemente poderosas para superar cualquier suerte negativa decretada por nuestra suerte celestial. La suerte terrenal es la calidad de la energía de nuestro espacio vital (vivienda), y la suerte humana manifiesta la calidad de nuestro «yo» interior.

Lo bueno de todo esto es que cuando tus capas áuricas están muy cargadas o el vigor de tu espacio queda estancado, puedes revitalizar y reactivar la energía que afecta a tu vida.

Desarrolla tu percepción de la energía

Cuando sintonizas con el chi que te rodea, empiezas a ser más consciente de la energía. Esta conciencia es muy poderosa, ya que te ayuda a desarrollar un cierto sentido y mucha percepción por lo que se refiere a las energías cósmicas que afectan a tu bienestar. También refuerza la reactivación del chi estancado y desbloquea obstáculos que impiden su movimiento.

Generalmente, trae buena suerte, ya que devuelve el brillo positivo que suele acompañar al fuerte flujo de energía interior, renovando tu confianza. Tales cambios producen poderosas curaciones donde antes había enfermedad, construyen armonía donde antes había discordia y reintroducen una nueva y fabulosa fuerza donde antes imperaba la debilidad.

Verás cómo acaba la mala suerte y la buena suerte fluye libremente de nuevo en tu vida. Cuando superas tu bagaje anterior y te deshaces de los objetos inútiles de tu espacio, te sientes más ligero. A medida que limpies tus campos áuricos de aflicciones y de cosas negativas, y liberes tu espacio de energía anquilosada, te sentirás mentalmente más lúcido. Te considerarás más confiado al reactivar el vibrante chi yang de tu cuerpo y del espacio en el que vives. A medida que tus buenas sensaciones se expandan,

también mejorará notablemente tu buena fortuna.

Existen diferentes maneras de desarrollar tu percepción de la energía. Básicamente, debes sintonizar en la frecuencia de las otras vibraciones. Cuando lo logres, desarrollarás la sensibilidad necesaria para detectar cómo se manifiestan las diferentes energías y se dinamizan las esencias físicas, o energía, en el espacio que te rodea. Podrás sentir si la energía es pura y poderosa o si, en cambio, está contaminada y débil. Podrás percibir si es íntegra y funciona a niveles óptimos, o si está rota o dañada. La energía es una presencia intangible e invisible pero enormemente potente.

Cuando sintonices con tu propio campo áurico personal sentirás las sensaciones ocultas que vibran y laten alrededor de tu cuerpo físico. Son capas de energía que crean un halo que lo abarca todo. Al sintonizar con tu aura, te vuelves más sensible a los estímulos externos, y entiendes con mayor profundidad cómo te afecta tu campo energético.

También puedes desarrollar una gran sensibilidad hacia el ambiente y la energía que dominan tu espacio vital y laboral. El método que debe seguirse es sencillo. Todo lo que tienes que hacer es esforzarte conscientemente para sentir la energía en el aire que respiras. A veces ayuda si cierras los ojos suavemente, porque facilita que te concentres en todo lo que hay en tu espacio de vida. Apela a tus cinco sentidos para que, además de tu sentido de la vista, también utilices conscientemente los sentidos del olfato, el oído, el tacto y el gusto.

Será entonces cuando te darás

cuenta de lo fácil que resulta mantenerse ajeno a todo aquello que nos rodea.

Vive el momento

Cuando realmente vivas el momento –un estado de «conocimiento consciente»–, te darás cuenta de la cantidad de objetos que has almacenado a lo largo de los años: las revistas y periódicos apilados en los rincones, las capas de polvo que se han ido acumulando en las superficies de los muebles, debajo de las sillas y de las mesas. En breve, advertirás la suciedad de los armarios y vitrinas, la comida pasada en la nevera, los cuerpos de insectos muertos en las esquinas del techo y la suciedad que se acumula en las paredes, suelos y techos.

Y cuando sintonices interiormente con tus reacciones y actitudes espontáneas, también te volverás sumamente consciente de tus pensamientos negativos, tus prejuicios, la visión parcial que tienes sobre las relaciones de tu vida, la manera trasnochada en que respondes al hecho de vivir. Entonces te darás cuenta de que has alcanzado un terrible estado de aburrimiento, depresión y agotamiento.

La energía del yin ha tomado el control de nuestras vidas y las domina. Nos estancamos

y, si no hacemos algo, pronto nuestras vidas reflejarán lo estéril y rancio de nuestro deterioro.

¿Cómo se van apilando los trastos? ¿Cómo se va acumulando la suciedad? ¿Por qué nuestras vidas se van llenando de porquería y saturando de energía negativa? ¿Por qué nos vemos atrapados en una rutina y permitimos que nuestra mente y actitudes se vayan cansando y aletargando?

Limpieza física y espiritual

Si no haces un esfuerzo consciente por deshacerte periódicamente de los trastos físicos y mentales que se acumulan cada cierto tiempo, llegará un momento en que tu esfera energética se sentirá tan debilitada y estancada que el factor yin penetrará en tus capas áuricas y dañará profundamente tu vida.

Llegados a este punto, puede que enfermes. Física, mental e incluso espiritualmente, puede que te sientas infeliz, te debilitarás corporalmente y sucumbirás a la enfermedad. Es crucial mantener todas las energías que te rodean vibrantes y vivas, lo que potencia la creación de nuevos caminos para que el alma crezca, se desarrolle y prospere.

Muchas de las tradiciones del mundo poseen técnicas de limpieza, purificación y revitalización de la energía negativa. Los métodos que yo utilizo para aligerar e iluminar la energía que me rodea provienen de mis raíces chinas y por eso tienden a ser de origen taoísta, aunque he aprendido algunos métodos realmente impresionantes para purificar la negatividad espiritual a través de mis estudios de esoterismo budista. Mi búsqueda de la purificación de mi campo y mi espacio áuricos me ha conducido a algunas prácticas de otras tradiciones espirituales, que han añadido nuevas dimensiones a mi práctica de revitalización de la energía y la han enriquecido.

Estoy encantada de poder escribir este maravilloso libro y de compartir estas valiosísimas técnicas –algunas de las cuales, muy bien guardadas– que me han sido transmitidas en circunstancias extraordinarias y bastante inesperadas. He probado los 168 métodos de revitalizar la energía que he seleccionado para elaborar este libro, y gracias a ellos he vivido experiencias maravillosas.

Las diferentes técnicas que se describen en este libro representan algo más que una mera limpieza de nuestro viejo y superfluo equipaje. También he incluido procedimientos para transformar la energía, reforzar los campos energéticos y energetizar objetos. Los métodos recomendados abarcan desde simples sugerencias para la limpieza de la energía, descritas paso a paso, hasta las visualizaciones, una práctica bastante más desafiante. El uso de instrumentos o herramientas físicas como cristales, sal, granos de arroz, hierbas, incienso, pétalos de flores, aguas aromáticas, etcétera, también se describe en el libro.

Abre canales, desbloquea la energía

Revitalizar tu vida y tu hogar debería ser una actividad excitante, agradable, porque este tipo de tareas abren los canales y desbloquean el flujo de energía para que la luz y el chi puedan impregnar cada poro de tu cuerpo y cada átomo del espacio que te rodea.

La revitalización de la energía siempre hace que ocurra algún acontecimiento trascendente. Llegas a unos niveles superiores de conciencia, y a veces a otros estados de conciencia y reinos de realidad coexistentes. Estos diferentes reinos están en armonía cuando sus energías son capaces de fluir sin obstáculos. Cuando hay armonía, todos los sentimientos y emociones

que ocupan los espacios habitados y las personas también están en armonía. Revitalizar la energía de tu hogar implica apaciguar las fuerzas disonantes que podrían haber entrado en él procedentes de otras personas o muebles antiguos, o que pueden haberse quedado ahí en forma de restos de otros tiempos, pegados a las paredes, los suelos y los techos. La energía disonante también puede proceder de la historia de los anteriores habitantes de la casa, o incluso de tus propias vidas pasadas. Es bueno recordar que tu aura y tu casa se ven afectadas no sólo por los objetos y las formas físicas que te rodean, sino también por la energía espiritual suspendida que penetra a través del tiempo y el espacio.

Existe una clase de energía que emana de otras formas de vida, o sea que también convives con otro tipo de campo energético espiritual. Los árboles y las plantas, e incluso el aire que respiras, irradian energía. La tierra emite energía, los insectos y los pájaros transmiten energía. También hay espíritus de otros reinos que pueden percibirse como concentraciones energéticas. Todo eso aumenta o disminuye la energía total de tu vivienda.

Por lo tanto, todas las formas de vida son energía, y todas ellas te afectan. Existe una conexión energética física y espiritual entre tú y tu casa. Las aflicciones espirituales de este campo energético provocan colapsos en el reino físico, y viceversa. Cualquier ejercicio de revitalización de la energía que te rodea debe tener en cuenta esta serie de fenómenos. Cuando aceptas todos estos principios, es más fácil mover el chi, cambiar la energía de tu interior, de tu casa y, consiguientemente, tu vida. Al aceptarlos, la transformas y la revitalizas. Todas las energías latentes de tu alrededor y de tu interior confluyen para que recibas la energía de tu hogar y para que éste absorba tu esencia.

1 Sintoniza con la fuerza de la vida: el chi

Todos somos capaces de desarrollar una mayor sensibilidad hacia la energía, el espíritu de carga divina que nos da vida a nosotros y a nuestros hogares. Aquello que moldea nuestras emociones, define nuestros estados de ánimo, sustenta nuestra fuerza y alimenta nuestro ser es una fuerza de vida intangible. Cuando nacemos, nuestro espíritu es puro y nuevo, pero a medida que crecemos y nos hacemos adultos y mayores, va adquiriendo tonalidades derivadas de nuestras experiencias en la vida. Algunos de estos colores expanden nuestros horizontes; otros, nos debilitan.

Cuando estrenamos casa nueva, su energía pura, limpia, el olor de la pintura todavía persistente en sus habitaciones, hacen que el espíritu de la casa parezca vibrante y lleno de vida. Cuando la fuerza vital del hogar está viva y dominada por la energía vibrante del yang, el humor de sus ocupantes suele ser positivo y feliz.

Con el tiempo, la energía de la casa se va volviendo añeja y se debilita. El agotamiento aparece cuando se acumula el chi yin, que engulle la vitalidad del chi yang. A menos que la energía del hogar se revitalice, el chi se estanca, lo que provoca el agotamiento y el sopor de sus ocupantes. Su vitalidad se resiente; la buena suerte se ve atrapada en una espiral negativa en la que, en el mejor de los casos, el aburrimiento pasa a estar a la orden del día y, en el peor, se padecen desgracias, enfermedades y accidentes serios. En esas casas, la felicidad se convierte en un hecho inaudito.

Una imagen de unas manos realizada con una cámara Kirlian nos muestra la energía áurica del cuerpo en forma de huella.

Todo ser vivo está concebido para emitir una fuerza vital, o chi, que se puede captar mediante la fotografía del aura, que revela la energía intrínseca a través del color.

¿Qué provoca el debilitamiento de la energía?

La acumulación de objetos (físicos, emocionales y espirituales) es la principal culpable del deterioro de los espacios y de las personas. Los trastos nos acechan como un monstruo invisible, arrastrándose silenciosamente por nuestras casas y consumiendo su energía. Cuando por fin nos damos cuenta de su presencia, nuestras energías están tan débiles que a menudo ya no nos queda motivación para librarnos de ellos.

El efecto más debilitante que tiene la acumulación de trastos es la manera en que atrapa la energía del espacio. Aunque no todos los trastos que vamos acumulando son malos, la mayoría sí lo son.

Es necesario mantener el chi en casa, en la mente y en el cuerpo. Debemos limpiar la energía añeja creada por la suciedad que se acumula en nuestras casas, en nuestras actitudes mentales y en el corazón. Este proceso de limpieza nos dejará como nuevos. Al ponerlo en práctica, nos liberamos de las energías negativas, dejando a un lado las actitudes anticuadas y creando espacio para que entre nueva energía.

El chi es el aliento cósmico del Universo 2

El aliento cósmico, o energía chi, infunde vida en todas las cosas. En estos últimos años, el mundo ha empezado a reconocer la existencia de esta potente fuerza de vida, y las personas están empezando a reconocer la energía espacial y humana de diferentes maneras innovadoras e inéditas. Hoy en día, casi todos hemos oído hablar del aliento cósmico, y muchos hemos intentado sintonizar con él. Las tradiciones antiguas hablan de la utilización de esta energía vital cósmica, y a través de la práctica del feng shui, el equilibrio, la limpieza y la armonía del chi espacio-temporal del hogar se han convertido en una práctica muy extendida.

Energía chi para la vida

Existen otras prácticas que también apuntan la necesidad de asegurar el movimiento del chi. Entre ellas se encuentran las prácticas de ejercicios físicos como el chi kung y el tai chi, la medicina tradicional china y la acupuntura. Todas ellas mejoran la salud y ayudan a mantener el chi personal en buen estado para que los meridianos del cuerpo, a lo largo de los cuales se mueve el chi, nunca se bloqueen. El feng shui utiliza los mismos principios para actuar sobre el chi de las habitaciones. El flujo continuo del vibrante chi yang en tu casa es vital para tu bienestar.

La sintonía con el chi no es un ejercicio profundo. El chi es algo con lo que todos hemos nacido; para sintonizar con él, todo lo que debemos hacer es concentrarnos en la energía invisible que tenemos en nuestro interior y a nuestro alrededor.

Con el tiempo, es posible que sintamos el flujo y el movimiento del chi, y también que distingamos las diferentes calidades del chi según el lugar en el que estemos, alrededor de los demás. Cada persona irradia un tipo de chi diferente, que se refleja en la intensidad de los colores del aura de la persona. Los objetos inanimados también emanan energía, aunque sus cualidades difieren según su posición, su forma, medidas, color y procedencia.

La energía puede ser agradable u hostil, sustentadora o dañina; acogedora o asfixiante, limpia o sucia, yin o yang. La calidad de la energía influye en tu felicidad y tu fortuna. Para disfrutar de buena suerte, deberás fomentar el vibrante chi yang, que estimula la vida de tu cuerpo y la de tu hogar.

Los muebles de cantos redondeados crean un camino sin obstáculos para el chi (véase la foto de la derecha) que, a su vez, genera un ambiente positivo.

3 Sé consciente de las vibraciones interiores

Los sabios taoístas que han desarrollado el dominio total sobre sus cuerpos físicos, a menudo hablan de la fuerza vital, que describen como una respiración espiritual. Imagínate el chi como si fuera esta respiración.

Antes de intentar sintonizar con el chi del espacio que te rodea, practica el sencillo ejercicio de chi kung que explicamos a continuación para despertar el chi que llevas dentro. También es un ejercicio muy indicado para revitalizarte por la mañana. Cuando respires, concentra tu mente en la inspiración y la expiración. A continuación, observa tu respiración durante unos pocos segundos. Pronto sabrás si es profunda o ligera, si te supone un esfuerzo o te resulta fácil. El ritmo acelerado de la respiración es a menudo el primer signo de un problema o bloqueo oculto.

La respiración también crea vibraciones dentro de tu cuerpo. Unas vibraciones rítmicas y regulares indican buena salud. Una respiración obstruida o dificultosa puede indicar problemas ocultos en tu cuerpo.

Una atmósfera de buenas sensaciones se crea cuando tus vibraciones personales laten en armonía con las vibraciones que irradia el espacio que te rodea. El intercambio de buena energía provoca que las relaciones se desarrollen sin problemas, que los planes sigan adelante y que la buena suerte y los buenos sentimientos prevalezcan.

En sintonia con el chi kung

1. Relaja los brazos y las manos agitándolos suavemente. Colócate erguido y atento, pero relajado, y abre las piernas hasta que la distancia entre los pies sea la misma que la de los hombros. Deja las manos relajadas a ambos lados de tu cuerpo, con las palmas abiertas y mirando hacia atrás, como indica el dibujo.

2. Estira los brazos hacia arriba suavemente hasta que queden verticales, por encima de tu cabeza, y las palmas de las manos miren hacia delante (abiertas). A medida que subas los brazos, estira todos sus músculos e inspira por la nariz. Concéntrate en las palmas de tus manos.

3. A continuación, baja suavemente las manos unos 15 centímetros, hasta que las palmas queden mirando hacia el suelo en un ángulo de 45 grados, más o menos. Al mismo tiempo, expira lentamente por la boca, expulsando el aire suavemente. Mantén esta posición durante algunos segundos.

4. En la misma posición, ponte de puntillas e intenta mantener el equilibrio. El objetivo es estirar todo tu cuerpo al máximo, al mismo tiempo que sigues respirando.

Realiza este ejercicio al menos siete veces y sentirás una especie de fuerza en la palma de las manos. Puede que sientas un cosquilleo o que tengas una sensación de pesadez. Ése es tu chi.

La energía de tu espacio físico   4

Muchas veces, la falta de armonía se debe a las afficciones del espacio que nos rodea, que pueden ser tanto físicas como inmateriales –un feng shui equivocado, orientaciones perjudiciales, flechas envenenadas, energía asesina, o simplemente energía gastada y añeja, demasiado cargada de yin.

Esta última categoría puede ser la más dañina de todas. Puede estar provocada por tan sólo una acumulación diaria de energía vieja. Cuando las casas no están bien cuidadas, con el tiempo su energía se deteriora.

Los insectos muertos, la pintura que se cae, los montones de periódicos y revistas, las plantas moribundas y la suciedad que se acumula, con el tiempo van creando chi yin. Cuando se apilan montones de trastos en las esquinas, se acumulan en los armarios, se esconden debajo de la alfombra y se disimulan detrás de las cortinas, cuando los objetos permanecen en el mismo sitio durante un largo tiempo, la propia inmovilidad

hace que el chi yin se vaya acumulando. Y cuando las casas se ensucian, llega un momento en que la suciedad también se asienta. Este tipo de deterioro de la energía puede ser peligroso.

Los regalos guardados por razones sentimentales y los objetos superfluos que se dejan a la vista en cualquier lugar crean focos de energía negativa por toda la casa que pueden abatir las fuentes de energía positiva. De esta manera, la energía del espacio físico de la casa se ve afectada y debe limpiarse y purificarse.

El chi y la salud física

Lo bueno de esta tarea es que vaciar la casa de trastos es fácil y revitalizante, además de que te hace sentir bien durante el proceso. Deshacerse de todo lo superfluo y energizar tus espacios laborales y familiares es terapéutico y, al mismo tiempo, beneficioso. Yo misma he experimentado lo mucho que se nota en el bienestar de mi familia, y hay una diferencia tan abismal, que me

Los pisos necesitan una reorganización constante y un sistema de almacenaje adecuado para evitar la acumulación de objetos y promover un entorno equilibrado y armónico.

he convertido en una adicta a la limpieza. Mi hija dice que soy una tiradora de trastos compulsiva. Mientras los demás hacen una limpieza general una vez al año, yo la hago regularmente, todo el año.

Supongo que eso se debe en parte a que vivo en una casa que ha ido creciendo a medida que han pasado los años. El espacio para acumular los trastos de mi marido, los de mi hija y los míos también ha crecido y, a menos que yo contrarreste nuestra tendencia a acumular cachivaches constantemente, la energía de mi casa se bloqueará irremediablemente.

De todos modos, la limpieza de la casa y la reordenación de los muebles y de los objetos decorativos nunca me ha supuesto un gran esfuerzo. Me encanta mantener el chi de mi hogar en constante movimiento ya que así se crea un ambiente de bienestar en la casa al que me he vuelto adicta.

5   Siente la energía de las otras dimensiones

Antes de adentrarnos en la práctica tarea de desprendernos de los objetos inútiles, nos será de gran utilidad reparar en que nuestros hogares también están ocupados por seres de otras dimensiones. Estos seres emanan una energía que puede penetrar en nuestro campo físico de existencia, así que es posible que los fantasmas y otros seres errantes nos muestren su presencia en los lugares donde vivimos. No todos tenemos ese sexto sentido para ver o sentir la energía ajena y la presencia de esos seres, pero quiero tranquilizar a los que lo tengáis: no hay nada que temer. Generalmente, estos seres no son dañinos, a menos que se les provoque. No debéis temerlos, sino profesarles un respeto sano.

A veces, una casa abandonada puede resultar inquietante; éste es el indicio más seguro de que una imperiosa energía yin aguarda en algún rincón de la misma. Los fantasmas emanan este tipo de chi y éste es el motivo por el cual los cementerios son grandes focos de yin, capaces de ponernos los pelos de punta y la piel de gallina.

La iluminación transforma la energía yin en yang, y puede resultar muy efectiva para las fincas muy antiguas que puedan tener residuos de energía yin de habitantes anteriores. Si no dispones de mucha luz natural, usa luces direccionables y bombillas claras (UV) para simular el vital chi yang.

Cómo el yang purifica la energía yin nociva

La mejor manera de tratar esta energía es contrarrestarla con abundantes dosis de energía yang, como por ejemplo con sonidos contundentes, luces brillantes y grandes cantidades de aire fresco y luz del sol. El simple hecho de abrir puertas y ventanas para dejar entrar el sol te hará sentir mejor al instante. Es como si el sol atravesara una tupida maleza para alcanzar las plantas empapadas de yin.

Si notas una presencia extraña al visitar a alguien o algún edificio antiguo, asegúrate de que el chi yin no haya impregnado tu cuerpo o tu ropa. Sacude

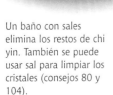

Un baño con sales elimina los restos de chi yin. También se puede usar sal para limpiar los cristales (consejos 80 y 104).

las manos con fuerza y visualiza que todo el chi yin te abandona en el mismo momento en que te marchas. Una vez en casa, prepárate un baño de sales, disuelve sal de roca o de mar en el agua y te desharás de cualquier tipo de resto de chi yin que haya podido persistir. Es así de sencillo.

Es posible que las casas estén «invadidas» por una presencia yin de otro ámbito, hecho que puede darse debido a muchas razones. Existen métodos especiales para resolver este tipo de situaciones y en las próximas páginas os explicaré algunos, en el capítulo de la limpieza del espacio con símbolos, cantos mántricos, cuencos, campanas, los cinco elementos, incienso y sal (*véanse los capítulos 3 y 4*).

Inspira la energía de la mañana 6

Uno de los rituales purificadores más potentes consiste en inhalar el chi fresco de la mañana. Inspirar la energía matutina es una preparación excelente para todo lo que harás durante el día con el objetivo de despejar y limpiar tu casa.

Para inhalar la energía de la mañana, sal al exterior, en un lugar donde puedas ver el cielo y sentir el aire. Si vives en un piso, colócate delante de una ventana abierta o en el balcón, si tienes. Para extraer el chi del sol naciente es mejor estar al aire libre. Si tienes jardín, sal fuera para darte el baño matutino de energía fresca y renovadora. Busca la parte este del jardín, o colócate en un rincón tranquilo del mismo mirando hacia el este.

Si practicas yoga, ya estarás familiarizado con el saludo al sol. Es un ejercicio adecuado para aumentar tu depósito de chi matutino. Si no lo conoces, intenta practicar este ejercicio de chi kung, que es bastante parecido.

Realiza este ejercicio siete veces y siente cómo el chi matutino te envuelve en una suave luz amarilla. La mejor hora para practicarlo es durante la hora del dragón, entre las 7.00 y las 9.00 de la mañana. Esta hora es adecuada para todos, aunque puedes elegir otro momento que te vaya mejor según tu signo del horóscopo chino (*véase el consejo 7*).

Recuerda que cuando quitas el polvo y limpias la suciedad, estás limpiando la energía negativa del yin. Así que reforzar tu chi personal cada mañana con un baño de pura energía yang es una idea excelente como medida para contrarrestarlo.

Cómo aumentar tu chi

   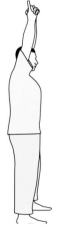 

1. Relaja el cuerpo y coloca las piernas separadas a una distancia equivalente a la de tus hombros.

2. Junta y cierra las manos fuertemente, pero mantén los dos dedos índice apuntando hacia arriba.

3. Con los dedos en esa posición, estira ambos brazos hacia arriba, por encima de tu cabeza. A medida que vayas subiendo los brazos, inspira por la nariz.

4. Siente cómo tu pecho se abre a medida que se va llenando de aire. Al estar orientado hacia el este, sentirás que el sol de la mañana te ilumina con un brillo suave.

5. Inclínate hacia delante y deja que los brazos caigan entre tus piernas. Expira por la boca. Relájate mientras realizas el estiramiento.

7   Un baño de sol para reponer la energía yang

Cuando te quieras dar un baño de sol para reponer tu esencia yang, elige un día claro y luminoso. Si el día es gris, llovizna o parece que va a llover o nieva, no es un buen momento para reponer el chi. Aunque el mejor momento para practicar este ritual es la hora del dragón, en la que puedes aprovechar la energía del alba (entre las 7.00 y las 9.00), también puedes elegir las horas de la serpiente (de 9.00 a 11.00) para absorber los primeros rayos de sol. Los que prefieran una luz más intensa pueden tomarse un baño de sol durante las horas del caballo (de 11.00 a 13.00 h) o incluso durante las horas de la oveja (de 13.00 a 15.00 h), cuando el sol de la tarde brilla en el cielo y es más fuerte e intenso. Generalmente, es una buena idea elegir el momento que esté más en armonía con tu signo del horóscopo chino.

usar este momento para absorber los rayos de sol y para mantener los ojos bien abiertos para observar lo que sucede ante sus ojos. Por ejemplo, si ven pájaros volando, jugando o cantando, es un indicio excelente de que alguna nueva oportunidad o buenas noticias están en camino. Ése también sería un buen día para eliminar trastos y practicar los rituales de purificación para mejorar la energía de tu hogar. Muchas mañanas observo cómo algunos pájaros de cola amarilla hacen el nido en mi jardín, y esos días siempre me han traído maravillosos nuevos acontecimientos.

Tú también puedes desarrollar una cierta sensibilidad hacia las señales. Si sintonizas con ellas con la suficiente frecuencia, llegará el día en que serás capaz de notar cuándo la naturaleza te está mandando un mensaje especial.

Cómo tomar un baño de sol

Para darte un baño de sol, quédate sencillamente unos tres minutos en el jardín o en el balcón, absorbiendo la luz del astro. Aquéllos que decidan darse un baño más intenso, durante las horas posteriores no deben exponerse al sol de manera directa; deben colocarse en un rincón del jardín o del balcón donde los rayos sean más difusos o neutros. Mantén una expresión facial relajada, pero estate atento a tu entorno. Éste es un momento excelente para sintonizar con las señales de la naturaleza (*véanse los consejos 8 y 9*).

Los maestros taoístas versados en la lectura de las señales de la naturaleza suelen

Los animales y las horas del zodíaco

Los nacidos en los años del dragón, el mono y la rata se beneficiarán de la salida del sol durante la hora del dragón, de 7.00 a 9.00 horas.

Los nacidos en los años de la serpiente, el gallo o el buey se beneficiarán del baño de sol cuando el sol ya brille un poquito más, durante la hora de la serpiente, entre las 9.00 y las 11.00 de la mañana.

Aquellos que han nacido en los años del caballo, del perro y del tigre se beneficiarán del baño de sol cuando ya esté muy por encima del horizonte, durante la hora del caballo, de 11.00 a 13.00 horas.

Los nacidos en los años de la oveja, del cerdo y del conejo se beneficiarán del baño de sol cuando esté todavía más arriba en el cielo, es decir, pasado el mediodía, entre las 13.00 y las 15.00 horas, en la hora de la oveja.

Las señales de tu jardín 8

Los pájaros son sólo una de las innumerables maneras como la naturaleza se comunica con nosotros, pero parece que son uno de sus vehículos preferidos. La aparición de pájaros siempre es una buena señal, ya que anuncian nuevos comienzos y te protegen. Cuando en tu jardín aparezca un pájaro particularmente musical o vistoso, quiere decir que un importante acontecimiento afortunado está a punto de suceder. En el feng shui taoísta, los pájaros amarillos predicen ocasiones felices, como por ejemplo bodas, nacimientos o ascensos.

Si tienes problemas para vender tu casa, haz un dibujo en el que un pájaro salga de tu casa con un trozo de papel en el pico con la dirección de tu casa. Cuélgalo en la pared contigua a la puerta de entrada. Muy pronto encontrarás un comprador. Para asegurarte de ello, puedes incluso escribir la cifra que deseas recibir en el papel.

Flores, hojas y frutas

Buscar señales de la naturaleza es más fácil durante el baño de sol matutino. Si observas un capullo floreciente bastante considerable, un proyecto se está llevando a buen término. El florecimiento de flores rojas indica amor, y de amarillas, riqueza. Las flores blancas significan una amistad nueva e importante.

La caída de las hojas de los árboles significa que es hora de una limpieza general. Indican que hay muchas cosas de las que deshacerse para poder dejar espacio a un nuevo crecimiento. Lo mismo ocurre si observas una planta sana a la que las hojas se le han vuelto amarillas. El otoño es un buen momento para vaciar la casa de trastos viejos, antes de la llegada del invierno.

Los pájaros te protegen en los viajes

Cuelga una imagen de un pájaro amarillo en el parachoques trasero o en la ventana trasera de tu coche, ya que protege de los accidentes a los que están dentro. Guardar tres plumas blancas de pájaro en la guantera produce el mismo efecto.

Los brotes de hojas o los capullos en el jardín simbolizan nacimiento y emprendimiento de acciones.

Cuando los árboles dan fruto en su lado izquierdo (mirando desde la casa hacia el exterior), indican que un éxito importante está a punto de llegar al patriarca o marido que habita en la casa. Si el fruto está en la parte derecha, significa buena suerte para la mujer. Que las hormigas se dirijan hacia la casa en fila siempre es una buena señal. Las hormigas negras son mejores que las rojas. Cuando una rana entra en casa es algo extremadamente prometedor. Una tortuga extraviada que se adentra en tu jardín también es un indicio prometedor. De hecho, la visita de cualquier tipo de criatura viva es buena señal.

9 La lectura de las señales enviadas por los vientos

Los signos del cosmos también nos son transmitidos por los vientos. Normalmente, estas señales manifiestan el trigrama de los vientos, el sol –por eso la suave brisa trae buenas noticias–. Cuando estés en el jardín o en el balcón de tu piso y mires hacia el horizonte lejano, tómate un momento para oler el aire de la mañana y sentir la brisa. Mira las nubes y el color del cielo. Los maestros taoístas dicen que la presencia de algunos focos de nubes es siempre una buena señal. Intenta detectar imágenes de signos auspiciosos en las nubes.

Si no hay brisa, no es un buen día para hacer limpieza general. Lo mismo ocurre cuando los vientos soplan demasiado fuerte. Cuando el viento es excesivamente violento, el dinero no se puede acumular y es un aviso para deshacerse de documentos viejos, archivos y papeles de la oficina. Cuando el viento sopla con fuerza también quiere transmitir un mensaje general de algún tipo. Invariablemente, si sigues los mensajes de los vientos encontrarás alguna cosa perdida que tenía un significado personal para ti o tus seres amados. Puede que tome la forma de información que has olvidado porque ha quedado enterrada bajo un montón de papeles que ha ido creciendo en tu escritorio durante meses. Así que permanece atento a las señales que el viento te manda.

Tormentas benditas

Las señales del viento también se presentan en forma de tormentas de lluvia bastante fuertes, acompañadas de rayos y truenos . Recuerdo el día en que mi hija se casó, en abril de 2002. A las 15.30 h en punto, durante la hora del mono, se desató una tormenta de truenos sobre Kuala Lumpur, una impresionante muestra del poder del viento y del agua. Si no se hubiera aplacado, hubiera sido la tormenta perfecta.

Cinco minutos antes de las cinco, la tormenta ya había desaparecido por completo. Y el cielo despejado que dejó era de un azul celestial. Lo interpreté como un signo maravilloso del cielo. La lluvia era un chaparrón de bendiciones de néctar del cielo, mientras que los truenos y los rayos indicaban aplausos de aprobación. Si la tormenta hubiera empezado más tarde, o no se hubiera calmado, los signos hubieran sido malos. El hecho de que se hubiera despejado y en su lugar hubiera aparecido la luz y el brillo del sol lavado por el viento era un signo muy bueno. Tales signos antes de celebraciones de bodas o nacimientos siempre llegan en la hora del mono, entre las tres y las cinco de la tarde. Consecuentemente, la boda se celebró sin ningún contratiempo ni complicaciones.

Esto es algo que se ha ido repitiendo muchas veces a lo largo de toda mi vida, así que soy consciente de los signos del cosmos. También he descubierto que cuando se usa el feng shui y se trabaja con la energía es útil ser consciente de otros aspectos y fenómenos esotéricos relacionados, y mantener la mente abierta.

El chi yang puro de los niños   10

Si quieres obtener una lectura instantánea y precisa de la energía de tus habitaciones y de tu casa, y no quieres incurrir en el elevado coste de tener que contratar a un maestro del feng shui, busca a un niño que no pase de nueve años y llévalo al sitio en cuestión. Normalmente, cuanto más pequeño sea el niño, más precisas serán las señales que recibirá. Lo que necesitas es energía yang pura, y los pequeños chicos dragón la poseen en cantidades incalculables. (Las niñas no se consideran tan efectivas para esta práctica, porque contienen yin y yang.)

Los niños y la energía yang

Dicen que los niños son muy sensibles a la calidad del chi de las casas: invita a un niño yang a tu casa y obsérvale. Si llora, o se muestra inquieto, quiere decir que los focos de energía yin hostil le están incomodando, y por eso la casa necesita limpiarse.

Si el niño se calma con dulces y se deja engatusar, es un buen signo, ya que quiere decir que el problema no es grave. Pero si manifiesta un comportamiento negativo –insiste en irse o llora, por ejemplo–, quiere decir que algo muy negativo sucede en la casa. Su comportamiento indica que hay energía negativa presente.

Este método fácil y rápido para calcular el feng shui de las casas es muy utilizado por los chinos. Normalmente se llevan a un bebé con ellos cuando van a ver casas o tiendas que tienen la intención de alquilar. En Hong Kong, por ejemplo, los hombres de negocios siempre observan el comportamiento de los niños pequeños en los nuevos establecimientos antes de firmar el contrato de arrendamiento de una

propiedad. Si el niño pide para ir al baño, es que va a haber una pérdida de dinero y por lo tanto es un mal augurio para los negocios.

Si el niño parece feliz, sonríe mucho y canturrea o, todavía mejor, dibuja casas, coches y objetos auspiciosos o saca un juguete para jugar, es un signo seguro de que la prosperidad tendrá lugar allí. Si saca comida de su bolsillo, también es algo propicio. Si juega con algún tipo de juguete de construcción, como juegos de bloques o papel para hacer papiroflexia, también es una buena señal. Si coge un juguete electrónico, es bueno, pero no tan propicio como si estuviera haciendo algo.

Tan sólo observando el comportamiento del niño se revelan un montón de cosas sobre la calidad de la energía de un lugar.

Cuando los niños dibujan cosas o situaciones felices en una casa, significa que sus ocupantes prosperarán.

II   El chi del tiempo y del espacio

El chi de nuestro entorno se puede clasificar en dos tipos: el chi espacial y el chi temporal.

¿Qué es el chi espacial?

El chi espacial está creado por la forma, la medida y la densidad de un objeto, así como su posición, en un determinado espacio. El chi espacial puede estudiarse bajo los auspicios de los conceptos fundamentales de la «escuela de la forma» de la práctica del feng shui, que también comprende el estudio de los significados simbólicos de los objetos decorativos, las plantas y los animales. De esta manera, el chi de un lugar y los muebles y los objetos que ocupan ese espacio, pueden ser buenos o malos, hostiles o beneficiosos, según los conceptos espaciales del feng shui.

¿Qué es el chi temporal?

El chi temporal es intangible y más difícil de visualizar que el chi espacial. Se basa en el concepto de que es, por definición, invisible e indeterminado. La calidad de este chi sólo está influenciada por el paso del tiempo. Se expresa y se define en términos de los puntos cardinales de la brújula. El chi temporal afecta a un espacio determinado según el momento en que lo estudiemos.

El estudio de la energía espacial por sí solo se considera incompleto, ya que el chi de cada parte específica de la casa puede volverse hostil simplemente según la fecha y el tiempo. Cuando el chi de una habitación es hostil, debemos ir con cuidado a la hora de hacer una limpieza general de esta estancia. En general, las habitaciones o rincones cuyo chi padezca una aflicción en un determinado año se deben dejar como están y no se deben hacer cambios en ellas durante el transcurso de ese año.

Existen algunos cálculos basados en el calendario solar chino que indican cuándo no se deben realizar cambios en algunas zonas de la casa. En las épocas que se indique, en estas habitaciones no debe hacerse una limpieza general ni ordenar los trastos. Es más, las habitaciones y los sectores de la casa que están afectados en ese año tampoco deben sufrir ningún tipo de renovación. Los golpes, las perforaciones y el poner clavos, como otras tantas acciones similares, pueden provocar un trauma tan grande a la energía chi que la mala suerte que nos transmita puede ser devastadora.

Esta rama del feng shui es conocida como el feng shui de las Estrellas Voladoras. En estos últimos años, esta práctica se ha vuelto bastante popular gracias a su potencia y también gracias a la velocidad con que se obtienen resultados.

Para nuestro objetivo, es suficiente aprender a observar el carácter de cambio anual que la energía adopta por razones defensivas para que no molestemos al espacio y provoquemos la mala suerte sin darnos cuenta.

Si revitalizar tu hogar implica hacer reformas, asegúrate de que no producirás energía negativa ni la activarás durante el proceso.

Los tres tabúes del chi temporal   12

Existen algunos antídotos para superar esas aflicciones, basados en la localización de las mismas dependiendo de cada año.

Cuándo no se debe realizar una limpieza

De todos modos, lo más importante son los tabúes asociados a sus ubicaciones. Sé muy precavido con lo que no debes hacer en los lugares ocupados por las tres aflicciones, para que ni tú ni tu familia incurráis en enfermedades o padezcáis mala suerte y apuros.

Si los sitios ocupados por las aflicciones se ven importunados por actividades de limpieza y de revitalización, pueden ocurrir contratiempos. Así que, si hay disturbios excesivos en el lugar ocupado por el Gran Duque, provocados por una limpieza o un cambio de objetos excesivo, pueden conllevar fracasos durante ese año. El Cinco Amarillo atrae la pérdida económica y las enfermedades, mientras que los Tres Asesinos traen tres tipos de mala suerte asociados con las relaciones. Por este motivo, es muy útil conocer las aflicciones del chi temporal.

Limpiar o reordenar las zonas afectadas del hogar puede traer mala suerte en vez de nuevas oportunidades.

Existen tres aflicciones anuales causadas por las estrellas voladoras, y sus localizaciones deben comprobarse cada año antes de realizar cualquier tipo de cambio importante en el hogar. De esta manera nos aseguramos de que, al intentar mejorar la calidad del chi, no empeoramos las cosas inintencionadamente. También es necesario aprender a tomar contramedidas para disipar estas tres aflicciones, especialmente cuando afectan el chi del dormitorio o atacan a la puerta principal de la casa. Controlar estas aflicciones anuales añade la dimensión vital del tiempo a cualquier tipo de acción que realices para mejorar y revitalizar tu espacio vital.

Cada aflicción ocupa en el espacio ángulos y direcciones diferentes. El Gran Duque Júpiter ocupa sólo 15 grados de la brújula; el nocivo Cinco Amarillo, 45 grados, y los Tres Asesinos, 90 grados.

Grados de aflicción

Las tres aflicciones anuales más importantes son:
- el Gran Duque Júpiter
- el Cinco Amarillo mortífero
- los Tres Asesinos

Durante el 2004, el Cinco Amarillo afecta 45 grados de brújula y la zona sur de las habitaciones o casas, así que ese sector debe dejarse como está durante los doce meses de este año.

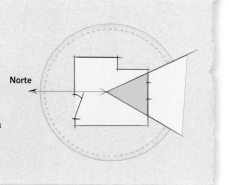

Norte

13 El chi anual del Cinco Amarillo

El Cinco Amarillo es la más mortífera de las tres aflicciones anuales, sobre todo en los años en que visita la tierra, y los sectores del elemento del fuego de la brújula. La última vez, en 1999, visitó el sur, un sector del elemento del fuego; y en 2001 visitó el suroeste, un sector del elemento de tierra. En estos dos sectores, el Cinco Amarillo, una aflicción del elemento de tierra, se fortalece de manera considerable, lo que lo hace más peligroso. El Cinco Amarillo no debe ser molestado ni activado. En caso contrario, provoca graves enfermedades, pérdidas financieras y obstáculos en el camino hacia el éxito.

El fuego y el Cinco Amarillo

El Cinco Amarillo resulta más peligroso cuando se magnifica a través de la energía del fuego. Por este motivo, los rituales para revitalizar el chi en los que se utilizan luces e incienso pueden resultar bastante peligrosos si se llevan a cabo en un rincón del hogar que está ocupado por el Cinco Amarillo. Si, al mismo tiempo, en ese espacio se encuentra la puerta o el dormitorio principal, sus efectos negativos pueden ser muy graves. En 2003, el Cinco Amarillo visitó el sureste, en las mediaciones del elemento de madera; por eso esta parte de la casa no debía sufrir cambios o ser activada con la energía del elemento del fuego durante ese año. También debes evitar llevar a cabo cualquier tipo de renovación en el espacio afectado por el Cinco Amarillo, como por ejemplo colocar nuevas estanterías o armarios. No se debe realizar ningún tipo de excavación, corte, serrado de madera ni excesos de ruido.

Las velas representan la energía del fuego, que aviva el Cinco Amarillo.

Estas observaciones deben cumplirse cada año en los sectores ocupados por el Cinco Amarillo; de lo contrario, se activarán sus energías. Deja que la dirección que visita no sufra modificaciones. Si la limpieza de trastos viejos resulta apremiante y necesitas construir estantes o cambiar algún mueble en uno de los sectores afectados y sencillamente no puedes retrasarlo al año siguiente, toma la precaución mínima de no empezar ninguna actividad por el estilo en el sector donde reside ese año.

El Cinco Amarillo

Ésta es la localización del Cinco Amarillo para los próximos diez años. Este espacio de tiempo representa un ciclo entero y se repite una vez concluido.

Año	Posición del Cinco Amarillo en la casa
2003	Sureste
2004	Centro
2005	Noroeste
2006	Oeste
2007	Nordeste
2008	Sur
2009	Norte
2010	Suroeste
2011	Este
2012	Sureste

El incienso es una forma de energía de fuego y, por lo tanto, aviva la energía negativa del Cinco Amarillo. Asegúrate de que el fuego y el Cinco Amarillo no residen en el mismo sector de brújula de tu hogar.

El chi del Gran Duque y de los Tres Asesinos   14

El Gran Duque Júpiter (conocido también como *tai tsui*) es una aflicción anual que afecta quince grados de espacio, que se corresponden con la dirección que ocupa el signo animal del año en cuestión. Por eso, en 2002, visitó el sur, que es la dirección del caballo. En 2003, visitó la dirección de la oveja y en el 2004, visita la dirección del mono. En la rueda están representadas las direcciones del Gran Duque en un ciclo de doce años.

Los nacidos en el año del animal que se encuentra en el lado opuesto de este año en la rueda están en conflicto directo con el Gran Duque. Por ejemplo, en el 2002, la gente nacida en el año de la rata vivió algunos conflictos, ya que la rata es el animal opuesto al caballo en la rueda del zodíaco. En la astrología china, los nacidos en el año del animal opuesto al animal del año en cuestión suelen tener un mal año. En el 2003, el Gran Duque estaba en la dirección de la oveja: sur/suroeste; y el buey ocupaba el extremo contrario. Por eso la gente nacida en el año del buey tuvo una mala época durante ese año. Los tabúes que se asocian a la dirección del Gran Duque son similares a los del Cinco Amarillo.

La aflicción de los Tres Asesinos es conocida como el *sarm saat* en chino. Si llevas a cabo reparaciones y renovaciones, es una buena idea evitar el trabajo en el sector de la casa que está ocupado por los Tres Asesinos. Es un tabú conflictivo, ya que afecta a buena parte de la casa. Abarca 90 grados de la brújula, ya que los Tres Asesinos sólo afecta a los puntos cardinales del espacio y nunca a los puntos secundarios.

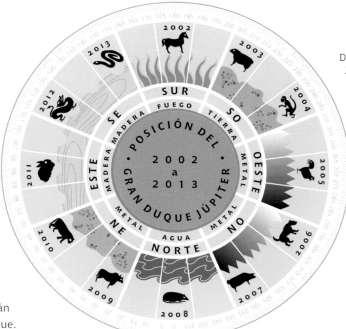

Nunca deberías enfrentarte de una manera directa a la dirección del Gran Duque. Así que, en el 2004, será peligroso sentarse mirando hacia la dirección del mono, que corresponde al suroeste.

Remedios para los Tres Asesinos

En los años del buey, el gallo y la serpiente, la aflicción de los Tres Asesinos reside en el este. El remedio para la aflicción en esta zona consiste en encender una luz potente en una esquina o colgar una campanilla de metal para el viento en la habitación que ocupa.

Los Tres Asesinos visitan el oeste en los años del cerdo, el conejo y la oveja. El remedio entonces consiste en encender una potente luz en esa parte o colocar un recipiente abierto con agua en la esquina del oeste.

Durante los años del mono, la rata y el dragón, el mal de los Tres Asesinos visita el sur. El remedio consiste en colocar cristales o un cuenco abierto lleno de tierra en ese lugar. En los años del perro, el caballo y el tigre, los Tres Asesinos reside en el norte. El remedio para los Tres Asesinos durante esos años radica en colocar plantas y flores en el norte.

15 Calcula el chi yin y el chi yang de tu casa

¿Has entrado alguna vez en casa de alguien y has sentido que el ambiente no está en equilibrio, que no está en sincronía, o que está gravemente agitado? Si eres sensible a la energía, puede que te sientas mareado, o como si te estuvieras ahogando o necesitaras más aire. A veces extrañas energías se manifiestan en profundos dolores de cabeza. Son indicaciones de que puede que el chi de esa casa o del edificio que estás visitando esté en conflicto con tu chi, o que tal vez la energía que desprende sea tan yin que afecte a tu equilibrio.

El chi yang nos sustenta. Cuando encontramos espacios que son demasiado yin, reaccionamos a ellos. Estas reacciones se manifiestan de una manera más profusa en aquellos que tienen una sensibilidad especial a la energía o en aquellos que están acostumbrados a trabajar con ella. Normalmente, el chi yin se experimenta como energía triste, hostil y negativa. Si piensas en todos los atributos del yin, serás capaz de reconocer el chi yin. El yin es estático, tranquilo, inmóvil, frío, pesado, y oscuro como la muerte. No es que el chi yin sea intrínsecamente malo, pero en las viviendas yang, las ideales para vivir, la energía negativa es el yin y la manifestación del yin no es deseable.

¿Qué es el chi del desengaño?

Cuando nos concentramos en el chi de cualquier casa, podemos captar las vibraciones que la dominan. Si sus habitantes están tristes, captarás un sentido de melancolía penetrante. A veces, el aire puede estar tan cargado de abatimiento que tú también te sientes cansado. Los hogares tristes esconden enfermedades y chi del desengaño que suele hacer tambalear el espíritu yang. Esto se debe a que el hogar está hambriento de chi yang. Estas viviendas crean depresión, desesperación y un sentimiento de resignación.

Si está presente, también es posible sentir el chi asesino. Este tipo de hostilidad emana de las paredes y de los techos. Si eres sensible al chi, sentirás la presencia de cuchillos y flechas invisibles que crean sensaciones de incomodidad. Este tipo de chi es muy dañino y puede ser peligroso, causar enfermedades, pérdidas y accidentes a los habitantes de la casa.

Las casas con una energía chi negativa acaban con la vitalidad espiritual de sus habitantes. Esos lugares se caracterizan por un fuerte sentimiento de letargo. Las casas de ese tipo deben revitalizarse urgentemente y necesitan una rápida inyección de chi.

Presta atención a las habitaciones yin, como los dormitorios y los baños. Son espacios tranquilos, pero también necesitan vitalidad.

Siente el ambiente de las casas particulares   16

La mayoría de las casas contienen un cierto chi negativo que se ha ido creando con el paso del tiempo. La ira, las discusiones, las enfermedades, el estrés, las decepciones y el agotamiento crean energía que se pega a las paredes, al suelo y al techo de las casas. En efecto, nada es más pegadizo a las paredes y a los suelos que los gritos fuertes, las discusiones violentas y los prontos temperamentales. Estas emociones negativas son la esencia de este tipo de chi sobrecargado, que es absorbido por el espacio de vida. Por este motivo siempre recomiendo abrir las puertas y las ventanas al menos una vez al día durante unos minutos, para dar la bienvenida a la poderosa energía yang de los vientos, el agua y el sol, que se encuentra en una cantidad infinita en el exterior.

Las casas contienen una mezcla de energías que provoca muchos efectos diferentes. Al sintonizar con el chi presente, una parte de esta energía se introducirá en tu conciencia. Una vez que conozcas la diferencia entre el chi intrínseco de uno mismo y el del espacio, y que te sientas cómodo con el concepto de la energía espacial y temporal, habrá llegado el momento de abrir tu mente a todos los diferentes tipos de energía que existen. Entonces podrás empezar a conocer el chi que ocupa tu casa. Recuerda que cada hogar tiene su propio espíritu.

Muchas casas contienen tanto amor y alegría que su chi alegre se desprende de ellas; en realidad, puedes sentir cómo te envuelve, bañándote en un brillo cálido. Esto es lo que deberíamos intentar crear: un sentimiento fresco de amor y de calidez que carezca de negatividad.

El espíritu del hogar   17

El espíritu del hogar se aviva cuando la felicidad está presente. Para eso sirve el buen feng shui: para crear un sentimiento que lo invada todo y que haga que los habitantes de la casa se sientan fuertes, confiados y realizados.

Colores, música, niños, luces, agua y sonidos son unas fuentes tan potentes de energía yang que deberían estar en todos los hogares. Estimulan enormes cantidades de chi yang que se va acumulando, llenando la casa de vida.

Las amas de casa inteligentes utilizan gran parte de estas «herramientas», bañando sus hogares de colores frescos, infinidad de luz brillante y sonidos agradables.

Las cortinas y las superficies de las mesas siempre se mantienen limpias y libres de acumulaciones de objetos de meses y años anteriores. Puede haber un pequeño desorden o desorganización diaria en las habitaciones, que refleja que están habitadas, pero las cosas no se van acumulando, no se amontonan pilas de periódicos sin leer, ni se dejan platos o tazas rotos por toda la casa.

En una casa sana, hay calidez y energía en constante movimiento. Hay poco estancamiento. Éste es el tipo de hogar que tiene y propicia un espíritu de abundancia.

Las plantas emanan energía yang, que crea una atmósfera sana y alegre.

18 La lectura de la energía y la comunicación con las paredes

¿Cómo se puede hacer una lectura de la energía? Básicamente, escuchándola. Cada vez que alguien me cuenta la serie de acontecimientos exasperantes que le ocurren, sospecho que algo no funciona en la energía de su casa, así que, cuando le visito, intento comunicarme directamente con su casa.

Siempre empiezo con cinco minutos de meditación, para calmar mi mente y concentrarme en la tarea que debo desempeñar. Primero, me concentro en la energía de la casa desde su centro; ahí es donde reside el vórtice de energía de la vivienda. A continuación, camino por las habitaciones en el sentido de las agujas del reloj, tan pegada a las paredes como me es posible, prestando más atención a las esquinas. Mis pensamientos se concentran en cada habitación. Mi intención es recoger fuertes huellas de energía positiva y negativa para ver dónde se han acumulado y si las habitaciones están tranquilas (por lo tanto, llenas de yin) o se mueven (yang). De esta manera, es posible detectar de inmediato qué partes de la casa deben trabajarse más. A medida que me voy moviendo de una habitación a otra, respiro acompasadamente y me concentro en las palmas de las manos. Siempre que siento una fuerza de resistencia, sé que la energía negativa está escondida en algún lugar cercano.

Escuchar en busca de energía

Cuando me acerco a las paredes más cercanas a la puerta que da a la habitación, coloco ambas palmas en la pared y mi oreja contra ella. Entonces camino por la habitación, dibujando con las palmas círculos invisibles en la pared a medida que voy avanzando. Escucho con atención. Observo que el hecho de cerrar los ojos ligeramente me ayuda a sintonizar. Pronto empiezo a sentir el cosquilleo del chi, noto que se transfiere de la pared a mis manos. Entonces percibo la manera de cambiar el flujo del chi en la habitación y de eliminar las desgracias que están llenando la casa.

Caminar en el sentido de las agujas del reloj por una habitación, siguiendo las paredes, ayuda a sintonizar con la energía que reside en ella.

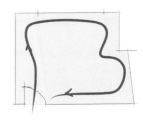

Mantén un flujo de energía sin obstáculos para generar vitalidad 19

La energía cargada de vida y de vitalidad fluye sin complicaciones; es suave, ondulada y relajada. Este tipo de energía carece completamente de tensiones y desgracias. Es el tipo de energía por la que luchamos en nuestros hogares.

Para conseguirla, los profesionales del feng shui aseguran que los objetos deben estar dispuestos en la casa de una manera que permita un buen flujo de la energía. La manera en que está pensada la disposición de una habitación y cómo están colocados los muebles puede ayudar o bloquear la energía. La energía no debe quedarse estancada. Los bloqueos hacen que se estanque. La energía que no se mueve enferma, mientras que la energía que se mueve demasiado rápido se vuelve hostil y destructiva. La energía que fluye de una manera constante y natural, sin moverse ni demasiado rápido ni demasiado despacio, es buena energía; es agradable y trae buena suerte.

Identifica los focos sociales de una habitación, dónde se suele reunir la gente, y a continuación trabaja para impulsar las esquinas más frías o menos populares y aumentar el total energético.

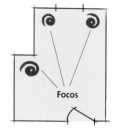

Focos

Planifica los éxitos y los fracasos

La salud de la energía de tu hogar se expresará mediante los acontecimientos que tengan lugar en tu vida. La energía de flujo continuo hará que todos tus planes y proyectos finalicen con éxito. La energía bloqueada crea obstáculos que ralentizan tu progreso, mientras que la energía estática provoca enfermedades. El fracaso también es un resultado directo de la energía bloqueada.

Aprende a observar el flujo energético de tu hogar. La manera más fácil de hacerlo es trazando el camino en que se mueven las personas cuando llegan a tu casa. Observa en qué lugar suelen colocarse o quedarse. Identifica las habitaciones que, sencillamente, no se usan. Puedes pensar que el comedor es la habitación que se utiliza más, pero si su energía es negativa, tu familia comerá fuera y no irá a casa a comer.

Puedes hacerte una idea muy aproximada del flujo de energía de cada habitación mirando sencillamente cuánto se utiliza. Allí donde se acumula la energía saludable es donde todos los miembros tienden a encontrarse. Ésta es una manera excelente de desarrollar la sensibilidad a la energía dentro de tu propio hogar.

Como primer paso, haz que los miembros de la familia se reúnan en el centro de tu casa. Si el centro también es la sala o el comedor, empapará el corazón de tu casa con energía vital. También proporcionará una energía maravillosamente buena a tu hogar.

20 Habitaciones solitarias

Deberías hacer algo con las habitaciones más solitarias o que parezcan más abandonadas de tu casa. Estas habitaciones normalmente son más oscuras y menos utilizadas, y por lo tanto, están llenas de energía estancada. Es probable que alberguen un aliento infeliz y hostil.

Las habitaciones que se han convertido de alguna manera en habitaciones para almacenar trastos suelen acabar así. Cuando su energía se vuelve más pesada, también penetra en las paredes y en los suelos, y empieza a afectar a las habitaciones situadas encima y debajo de ellas. Puedes utilizar remedios temporales basados en los cinco elementos para corregir este desequilibrio, pero la solución definitiva consiste en librarse de los trastos que se hayan ido almacenando; despejar los bloqueos, instalar nuevas luces brillantes y darle una nueva mano de pintura. En otras palabras, básicamente deberías revitalizar el chi de esas habitaciones.

La revitalización del chi es tanto un ejercicio instintivo como una habilidad adquirida. Una vez que hayas aprendido todos los métodos propuestos en este libro y sepas revitalizar el chi mediante el uso de cada uno de los cinco elementos –fuego, agua, madera, metal y tierra–, desarrollarás la habilidad de ponerlo en práctica en un abrir y cerrar de ojos. Aprende a escuchar tu casa primero y luego aplica estas técnicas.

Las luces brillantes y los colores cálidos proporcionan una dosis de energía yang a las habitaciones desiertas.

21 Pon atención a tu dormitorio

Presta especial atención a las habitaciones que son importantes para ti y que usas más frecuentemente. Cuando la energía chi de tu dormitorio es poco acogedora, por ejemplo, puede que tú y tu pareja os sintáis inquietos y no queráis volver a casa. Así empiezan los problemas en el matrimonio. Están causados por la mala energía del dormitorio que comparte la pareja. Así que potencia tu sensibilidad hacia los sentimientos de tu dormitorio.

Cuando exista un bloqueo en el flujo del chi del dormitorio, sentirás que vuestra relación se está estancando. Esto sucede cuando la habitación no está lo suficientemente limpia o en buen estado. Muchas parejas de jóvenes trabajadores permiten que el chi de su dormitorio se deteriore. Empiezan con un desorden inofensivo y entonces, antes de que se den cuenta, el dormitorio se ha convertido en un montón de ropa por limpiar, bolsas, zapatos, revistas e incluso, a veces, comida pasada. Los cajones se saturan y los armarios están desordenados y apretujados. El mal humor de la pareja también se añade a esta acumulación de cosas, y la negatividad empieza a dominar la habitación.

Tu dormitorio debería estar lleno de energía chi amable y envolvente. Para que tu relación progrese, tu dormitorio debería tener un buen flujo de chi, la fuerza mágica de la vida.

Los trastos de mi padre y la transformación de mi madre   22

Durante muchos años, mi padre y mi madre discutieron sobre las cosas que él insistía en guardar. Al principio era algo simpático, ya que ella le fastidiaba mientras se reía y le ordenaba que se deshiciera de sus revistas del National Geographic, sus baratijas y utensilios que había coleccionado durante años, y sus camisas y pijamas viejos. Pero a medida que fueron pasando los años, ella se dio cuenta de que no podía hacer nada para remediar su incurable apego a todas esas posesiones caducas. Así que vivió con los trastos de su dormitorio hasta que él se murió. Después de su muerte, todos esos trastos se convirtieron en una fuente de profunda depresión para mi madre. Vi cómo entraba en una espiral de dolor, enfermó y se volvió desesperadamente desequilibrada. Durante un tiempo no supe cómo sobrellevarlo.

Desesperada, fui a su casa y, en un arrebato, limpiamos el dormitorio. Me deshice de todas las cosas hacinadas en los armarios, escondidas bajo la cama y apiladas en las estanterías. Doné sus libros cuidadosamente encuadernados

Guardar demasiadas posesiones sentimentales y trastos en general puede causar un sentimiento de opresión, que impide que los habitantes de la casa avancen en la vida.

a la biblioteca local, quemé su ropa, y todo lo que había acumulado durante los años lo regalamos a los parientes y amigos. Me quedé con su silla abatible. Todo lo demás lo tiramos. Y entonces le compré un nuevo piso en el ático de un edificio moderno con una piscina enorme, un gimnasio, una cafetería y montones de gente joven.

Eso hizo que se tuviera que esforzar por adaptarse a un nuevo ambiente cargado de toneladas de energía yang fresca. Experimentó un cambio que daba gusto observar. Hoy está llena de brío, contenta y muy feliz. En la boda de su nieta, a principios de este año, incluso bailó un tango. ¡A los 79, parece mucho más joven que cuando tenía 60!

23 Mantén el movimiento del flujo. Comparte tus pertenencias

El flujo de energía de tu casa no debe pararse ni bloquearse nunca. Regalar o donar la ropa y las viejas posesiones –bolsos, zapatos, libros, accesorios, baratijas, toallas, incluso muebles– es la mejor manera de mantener el flujo en movimiento, ya que cuando donas tus cosas viejas, estás, de hecho, haciendo espacio para que entren cosas nuevas en tu vida. Regalar crea un vacío en tu espacio de almacenaje y en tus cómodas, estanterías y habitaciones. Tan pronto como haya espacio vacío disponible, entrarán más cosas buenas en tu vida, en un abrir y cerrar de ojos.

Recuerda que limpiar la casa de demasiadas posesiones también es deshacerse de los trastos. No sólo tienes que deshacerte de las cosas inútiles, gastadas o caducadas. También puedes deshacerte de las posesiones que todavía están en buen estado pero que se te han quedado pequeñas. En otras palabras, comparte las cosas buenas con los demás. Da tus cosas en buen estado a organizaciones de caridad y observa cómo tu vida se llena de nuevas posesiones que proporcionan un nuevo chi a tu hogar.

Los trastos pueden ser bonitos si son utensilios que se te han quedado pequeños o que ya no te gustan. Tus posesiones deben reflejar tus gustos e intereses actuales.

La libertad de dar a los demás

Conozco a muchas personas muy ricas y generosas que regularmente recogen un montón de sus posesiones más preciosas y las donan a una causa de beneficencia. Soy una de esas personas afortunadas que han conocido y han sido inspiradas por algunos corazones que, a pesar de tener mucho dinero, son generosos. Estoy encantada de decir que estos maravillosos amigos míos se están haciendo más y más ricos. Y no es de extrañar, tampoco, porque el hecho de que den parte de sus posesiones crea un flujo de energía natural y maravilloso en sus vidas y, según parece, sin costarles ningún esfuerzo.

No hace falta decir que también he visto los interiores de sus casas y creedme, hay pocos objetos y trastos. Esto es porque están tan acostumbrados a dar cosas a los demás que, con el tiempo, han desarrollado un cierto desapego hacia sus posesiones (así que los trastos tienen pocas oportunidades de acumularse).

Un pequeño regalo de tres monedas chinas representa la prosperidad para el que las recibe.

No bloquees nunca la puerta principal 24

Es crucial que la entrada de tu casa nunca esté bloqueada de ninguna manera. La energía que entra nunca debe atascarse. Para empezar, las puertas de la entrada deben poder abrirse por completo. Las bisagras de las puertas deben estar bien engrasadas, y en la parte de la pared que queda detrás de la puerta no debe haber grandes muebles ni cualquier otra cosa que haga que la puerta sólo se pueda abrir unos miserables 45 grados.

Tanto dentro como fuera de la casa, la puerta principal debe disfrutar del efecto de una entrada luminosa (un espacio claro donde el buen chi pueda entrar, acumularse y quedarse). Este flujo de energía no debe bloquearse en o alrededor de la entrada.

La boca de la casa

Los chinos se refieren a la puerta principal como «la boca de la casa», el lugar que debe gozar de unas características favorables. Así que lo ideal sería tener una zona relativamente espaciosa frente a tu puerta principal. Si no es así, y la zona del vestíbulo de la puerta principal es pequeña y estrecha, es motivo más que de sobras para que hagas un esfuerzo todavía más grande para no dejar que el espacio que existe se vuelva más denso. La zona donde se ubica la puerta principal de la casa no es lugar para colocar estanterías ni unidades de almacenaje. Si la razón del problema es que el espacio de la entrada se ha quedado pequeño para tu familia, entonces piensa cómo puedes crear una solución más definitiva.

Mi casa se ha ido volviendo más grande a medida que han pasado los años, al mismo tiempo que mi familia ha ido adquiriendo más suerte. Cuando construimos nuestra casa, hace 27 años, no teníamos mucho dinero, así que construimos una casa pequeña. Pero con el tiempo, a medida que nuestras necesidades han ido volviéndose más sofisticadas, hemos empezado a necesitar más espacio. Así que, en vez de un salón, ahora tenemos tres. De todos modos, al ampliar nuestra casa, siempre me he asegurado de que la puerta principal esté en una zona totalmente libre de cualquier tipo de muebles, vitrinas o estanterías. Tenemos un mínimo de estanterías y armarios empotrados en el salón (de hecho, sólo tengo uno), porque no quiero amontonar objetos encerrados en su interior, acumulando de esa manera energía yin dañina. El único armario auxiliar que tenemos, y que limpio al final de cada año, siempre está lleno de trastos. No importa lo que haga ni lo cuidadosa que sea para no dejar que se llene de trastos, siempre acaba abarrotado de una manera u otra. Así que ahora he decidido llenarlo de cosas buenas: incienso, velas, aceites aromáticos, cosas que usamos todo el año para que, a medida que pase el tiempo, el armario se vacíe por sí solo.

Mantén un mínimo de objetos cerca de la puerta principal, o las oportunidades quedarán simbólicamente bloqueadas.

25 Corrige los choques de elementos en la entrada

La mala energía en la puerta puede ser el resultado de un choque de elementos. Los cinco elementos del feng shui son el fuego, la madera, el metal, la tierra y el agua y todos ellos tienen un ciclo productivo y destructivo.

Conocer los elementos te permite saber cuándo hay discordia en el flujo de energía de tu casa y cómo se puede transformar en armonía. Si la puerta está ubicada en cualquiera de las esquinas de madera (sureste o este) de la casa, no debería estar pintada de blanco ni hecha de metal, como por ejemplo, una puerta corredera de aluminio, ya que el metal destruye la madera y perjudica la energía de esa ubicación. Las puertas de madera son mejores, sobre todo si están pintadas de azul, ya que el agua produce madera. Pero una puerta pintada de rojo hará que la energía de tu casa esté muy cansada y agotada, ya que la energía del fuego agota la energía de la madera.

Si la ubicación de la puerta principal se corresponde con las direcciones de tierra (suroeste o nordeste), no pongas una puerta de madera joven y verde. La madera vieja es mejor, ya que la energía de la madera, que crece muy rápidamente, es dañina para las esquinas de tierra y disminuye su energía. Colocar madera joven podría tener unos resultados muy peligrosos, provocar enfermedades y eliminar nuevas oportunidades. En las esquinas de metal (noroeste y oeste), las puertas rojas son peligrosas.

26 Disuelve la mala energía en la puerta de entrada

No hay nada más dañino para el hogar que una puerta principal agrietada o quebrada, o cuya pintura se esté levantando. Si tu puerta tiene una grieta o si las bisagras chirrían, es muy importante que la cambies o que la arregles. A veces, debido a las condiciones meteorológicas, las puertas de madera se expanden y raspan el suelo. Debes arreglar eso de inmediato, ya que augura accidentes para los ocupantes de la casa. También hace que la puerta quede atascada, lo que, a su vez, hace que tu vida también se obstruya.

Las puertas claramente dañadas, con agujeros o grietas, son muy peligrosas para los habitantes de la casa. Son signos de que el chi que rodea la entrada no está del todo bien. Así que no sólo deberías arreglar la puerta, sino que también deberías revitalizar el

Una puerta de entrada pintada con colores frescos y luminosos es propicia para la práctica del feng shui.

chi de la entrada mediante una buena iluminación. También deberías usar incienso para limpiar las malas vibraciones. Mantén el lugar bien iluminado durante, como mínimo, una semana y da una mano de pintura fresca a la puerta.

Las bisagras que chirrían provocan mala energía en la entrada, y por eso deberían engrasarse inmediatamente. De hecho, es lo que hago al menos una vez cada seis meses; recorro todas las puertas y ventanas y engraso las bisagras. Así me aseguro de que todas las puertas se abren y se cierran sin problemas y, a la vez, evito el peligro de la pérdida de oportunidades y el aislamiento. Las puertas de mi casa se abren y cierran sin dificultades: las tuyas también deberían hacerlo.

Potencia la puerta de entrada con energía protectora   27

Si la puerta de entrada de tu casa es fuerte, posee una potente energía protectora. Cuando estuve en la espiritual isla de Bali el pasado año, noté que la gente siempre otorgaba una atención especial a la entrada de los edificios. La guía nos explicó que colocar un tótem dividido en dos partes en la puerta de las casas les confería una potente energía protectora, ya que al cerrarlas daban forma a un tótem guardián.

Los chinos adornan sus entradas con los dioses protectores de las puertas, especialmente en los templos y palacios, y colocan un par de Chi Lins o perros Fu en el interior. Descubrirás, como yo, que muchas culturas y tradiciones del mundo creen en el poder de los símbolos guardianes en las puertas. Normalmente se colocan en las entradas de las casas. Los símbolos se vuelven más poderosos cuando la entrada se potencia con energía vital, lo que se consigue mediante la concentración profunda y una visualización apropiada.

Las potenciaciones mediante la visualización son más eficaces si se llevan a cabo

Los símbolos animales en puertas y pilares son emblemas protectores muy populares. Tanto en las culturas occidentales como en las orientales, los leones y los pájaros, formalmente representados en bronce y piedra, protegen su territorio.

por la mañana, al alba. Primero, sacúdete las manos tres veces para liberar el flujo de energía. Colócate dentro de la casa, a unos 2,75 metros de la puerta de entrada. Levanta las manos, con las palmas abiertas, de manera que tu cuerpo entero mire hacia la puerta cerrada. Concentra tu mente en la puerta e imagina que una energía invisible se desprende de tus palmas e ilumina la zona de la entrada en el espacio justo delante de la puerta. Piensa que esta energía es una pared invisible de luz fuerte y protectora que evita que la energía hostil entre en la casa.

Cómo proteger tu puerta

Si tu entrada está orientada hacia el sur y tu puerta está ubicada en el norte, visualiza una cortina de luz azul que mantenga la mala suerte y la mala gente fuera.

Si tu puerta mira hacia el este, crea una cortina mental de luz blanca. Protegerá tu hogar de las personas malvadas y de la mala suerte.

Si tu puerta mira al oeste, piensa en una cortina de luz verde o azul. Eso hará que la energía aumente y proteja a los habitantes de la mala suerte.

Si tu puerta mira al norte, tú estarás orientado hacia el sur, así que piensa en una cortina de luz rosa brillante; esa cortina atrae una energía muy protectora.

Si tu puerta mira al suroeste o al nordeste, imagina una cortina de luz amarilla que brille como el oro. Esta poderosa visualización es excelente para potenciar tu puerta, para que atraiga los nueve tipos de buena suerte.

Si tu puerta mira hacia el sureste, visualiza una pared de luz blanca para atraer la buena fortuna de la suerte celestial.

Y si tu puerta está orientada hacia el noroeste, piensa en una pared de luz azul o verde. Te traerá prosperidad.

28   ¿Qué es lo que disminuye tu energía?

Cuando te sientes cansado, sin inspiración, motivaciones ni perspectivas de objetivos en tu vida, puede que debas echar un vistazo a tu vivienda. Cuando la energía de tu casa o de tu habitación está cansada, te transmite ese cansancio, por eso te sientes agotado y sin energía.

Eso suele indicar que algo de la habitación, o del hogar, hace que su energía disminuya. El cansancio es el resultado más leve de este tipo de energía afligida. A veces hace que los habitantes más débiles enfermen.

Cuando el sopor y el cansancio se apoderan de ti, puede que sea debido a un desequilibrio energético de tu casa.

Conviértete en un detective de habitaciones

Conscientemente, sintoniza con tu casa y medita para encontrar la causa del malestar. Cuando sintonizas tu mente en la misma frecuencia que tu hogar, tienes casi todas las probabilidades de descubrir la fuente de la aflicción y la causa de lo que va mal. Entra en cada habitación; sobre todo en la habitación en la que pasas más tiempo, y busca agujeros en las paredes, estanterías rotas, objetos rotos, jarrones y cofres rotos, o, todavía peor, estatuas de porcelana que tengan pequeñas fisuras o grietas. Los cuartos traseros sucios o inutilizados también producen chi negativo.

Las parejas casadas que a menudo se sientan demasiado cansadas para atender al otro deberían investigar en su dormitorio, ya que quizá haya algo que esté minando su energía. Si la cama está en mal estado –es decir, si la cabecera o el somier están dañados, o el colchón tiene un muelle roto– simboliza que la relación de la pareja también está empezando a romperse. Así que coge lo que esté roto o agrietado y sustitúyelo; el gasto merece la pena. Si no lo haces, puede que esas cosas acaben por deteriorar la relación.

Las vasijas rotas traen mala suerte

Los chinos son muy supersticiosos en cuanto a tener algo roto dentro de la casa se refiere, sobre todo si es un jarrón de porcelana, una urna de cerámica o algún tipo de contenedor hecho a partir de tierra. Creen que estas vasijas rotas minan la energía vital del espacio. Las bañeras, fregaderos y lavabos rotos también son perniciosos. A menos que estos utensilios rotos se quiten o se sustituyan, la suerte de la casa se vuelve negativa.

Tira los utensilios agrietados o rotos 29

Las matriarcas chinas siempre insisten en que los cuencos de arroz rotos y los palillos chinos agrietados deben tirarse. Nunca permitirían que se usaran platos o tazas de té con grietas porque es una de las causas más conocidas de que los negocios vayan mal, de las pérdidas de dinero y de estafas.

Si sirves el té de una tetera con el pitorro roto, si el invitado sabe algo de energía feng shui, lo rechazará educadamente. También evitará beber de una taza de té agrietada. Sabrá que beber de una taza de té rota disminuye la energía: podría ponerse enfermo o perder la vitalidad.

Anticípate a estos problemas revisando a fondo la vajilla, los jarrones y la cerámica de tu casa. Sé firme contigo mismo. Tira todo lo que esté roto o agrietado, incluso si el jarrón es de cristal Waterford o el plato es parte de tu apreciada colección de útiles de cocina. Deshacerse de los platos y utensilios rotos es una de las tareas anuales más importantes. Hazlo y te sorprenderás de cuántas cosas rotas encuentras en la vitrina de tu cocina cuando miras con atención.

Los chinos ven la vajilla perfecta como algo que fomenta la salud, mientras que los utensilios astillados restan vitalidad y traen mala suerte.

Ten cuidado con la energía asesina en tu casa 30

Desarrolla la sensibilidad hacia la presencia de la energía hostil escondida en tu casa. La energía hostil es energía asesina, el tipo de energía que provoca enfermedades y malestar, que hace que los negocios se colapsen, y que te hace perder tu trabajo. Algunas de las tragedias más graves de la vida están causadas por fuentes escondidas de chi asesino.

En estos últimos años, con la creciente popularidad del feng shui, mucha gente se ha vuelto más sensible a las fuentes de chi shar —vigas estructurales, esquinas que sobresalen, arte hostil en la casa, cuchillos expuestos, espadas y tijeras— que pueden causar enfermedades. Con el paso de los años, he recibido miles de correos electrónicos que me confirman, mediante anécdotas, el efecto que ha provocado la simple eliminación de la energía asesina dentro de la casa. Me cuentan que, a medida que sus vidas se han ido vaciando de trastos y objetos, su salud física también ha mejorado.

Así que, camufla esa esquina que sobresale, quita esa obra de arte violenta, cubre esa parte de techo saliente y tapa todas las cosas que sean afiladas, triangulares y rectas.

Sé precavido con la energía mortífera del hogar.

3I   Los campos energéticos solapados

Cuando lleves a cabo una tarea relacionada con la energía, sé consciente de si estás solapando los campos energéticos. Raramente una sola causa provoca el tener buena o mala suerte, el tener malas o buenas vibraciones. En todos los espacios existen numerosas capas de campos energéticos, y muchos de ellos se solapan.

El campo energético dominante de una casa es el que tiene el efecto más fuerte sobre el bienestar de sus ocupantes. Si es benevolente, su efecto es excelente. Si es hostil, sus efectos pueden ser perjudiciales. De todos modos, nadie tiene sólo mala suerte o sólo buena suerte. Y son los campos energéticos sutiles los que se adentran más en tu subconsciente.

La vida no es nunca un lienzo de absolutos. Existen otros campos de energía. Date cuenta de que todos los campos energéticos están relacionados con los centros de energía humanos conocidos como «chakras». La energía del espacio vibra en armonía con los chakras del cuerpo humano. Así que, según cuál sea el nivel de desarrollo de tu propia conciencia espiritual, sintonizarás con la energía que tenga el significado más importante para ti. Depende de uno mismo que experimente un grado u otro de confort procedente de un espacio bien energizado. Cuando te familiarices con el trabajo de los chakras, también desarrollarás una buena sensibilidad hacia la energía (tanto negativa como positiva) que contiene un espacio. Cuanto más sintonizado estés espiritualmente, más sensible serás a los campos de energía que se solapan. Aquellos menos familiarizados con los chakras notarán los campos energéticos más dominantes. Estar entre este último grupo de personas hace la vida mucho más fácil, porque sintonizas con el campo de energía dominante, que es el más importante para realizar una lectura de la energía del hogar.

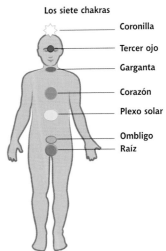

Reaccionamos al espacio, a la luz y al color con intensidades variables. Intelectualmente, puede que nos estimule el amarillo de las paredes, o el rojo de las sillas. Cada uno responde de una manera diferente a los estímulos.

Los siete chakras

Coronilla

Tercer ojo

Garganta

Corazón

Plexo solar

Ombligo

Raíz

Las malas vibraciones que emanan de los muebles 32

Todos los muebles emanan vibraciones, sobre todo los de madera. La madera tiene algo que atrae el chi de una manera tan eficaz que los muebles de madera normalmente están llenos de energía acumulada. Generalmente, cuanto más fuerte es la madera, más se pega la energía a ella. Los muebles antiguos, normalmente construidos con maderas muy consistentes como la teca, el palisandro y el roble, suelen estar repletos de la energía acumulada a lo largo de los años. A veces la energía que desprenden los muebles puede ser hostil, triste o mala. Es muy importante que seamos conscientes de ello, particularmente si somos grandes entusiastas de las antigüedades.

Un amigo mío que es coleccionista compró una cama de matrimonio antigua para su hija, que en aquel entonces todavía no se había casado. Era una pieza de lo más auspiciosa

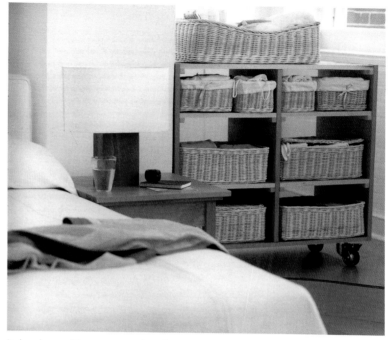

Incluso los muebles nuevos pueden albergar energías desagradables.

y singular, dijo él. Procedía de una familia muy rica. Me pregunté qué estaba haciendo una familia adinerada vendiendo una reliquia familiar como aquella. Pasó el tiempo, su hija cumplió los 36 y todavía seguía sin casarse. Después de la muerte de su padre, fui al funeral y le susurré al oído que se deshiciera de la cama. «De lo contrario, no te casarás nunca», le dije. Puso la cama a la venta y sacó una buena cantidad de dinero, pues realmente era una obra maestra de la artesanía. Un mes más tarde, se encontró con un viejo compañero de clase al que no había visto durante años. Volvieron a reavivar su amistad y un año después se casaron. De la misma manera que las camas tienen energía, también la tienen las mesas de escritorio y las sillas. Si anteriormente han sido propiedad de alguien poderoso y cruel, su energía será dominante y agresiva.

Intenta sintonizar con las vibraciones de tus muebles. Quién sabe qué sentimientos podrás captar, incluso si los muebles son nuevos.

El gatito y el tigre

El presidente de una compañía, un hombre muy cordial que conocí hace ya tiempo, se compró una impresionante mesa y un juego de escritorio antiguos y tallados en madera de palisandro que habían sido propiedad de un jefe de las triadas de Shangai durante los primeros años del siglo xx. Vi cómo se transformaba delante de mis propios ojos. Se volvió duro y ambicioso, e inició un ascenso que le llevaría a tomar el mando de la empresa para la que trabajaba.

Finalmente, se hizo con el control de toda la empresa. Ya no existía el hombre tranquilo, sencillo, que yo había conocido. Creo que, a sus ojos, su mesa y su silla –que estaban adornadas con una talla de nueve dragones– le traían buena suerte. Observando al nuevo hombre implacable y ambicioso, me pregunté hasta qué punto sus nuevas energías y fuerzas provenían de ese juego de escritorio.

33 Limpia los muebles antiguos con sal

Cuando lleves a casa un mueble antiguo, puedes limpiar los restos de malas vibraciones que tenga con sal, que disuelve la energía negativa y corta las dimensiones etéreas para neutralizar el chi perjudicial u hostil.

Haz una mezcla de sal mineral natural y sal marina natural en la misma proporción. La sal química sintética es ineficaz; se necesitan la fuerza y el poder de la tierra y del mar, por eso debes usar sal natural para esta tarea.

Coge un puñado de la mezcla en tus manos y frótalas la una contra la otra tres veces con un movimiento de arriba abajo. Eso proporcionará sensibilidad a tus palmas. A continuación, pasa las manos por el mueble. Realiza un movimiento de cepillado, como si quisieras quitar la suciedad de la superficie del mueble. Repasa toda la superficie del mueble tres veces en el sentido de las agujas del reloj. Recita mantras de limpieza en voz baja mientras trabajas. Yo siempre uso mi mantra favorito, «Om Mani Padme Hum», porque es fácil de recordar y es un potente mantra del Buda de la Compasión. Las palmas de tus manos hacen que el trabajo de limpieza sea mucho más potente. Límpiate bien las manos después de la tarea. Si no te gusta utilizar las manos, también puedes utilizar un paño húmedo.

También puedes dar un baño de sol a tus muebles viejos. Déjalos al sol del mediodía de diez a quince minutos. Si se trata de un escritorio, abre los cajones, y asegúrate de que el sol penetra en todos los rincones del mueble. Es una manera potente de librarse de la vieja energía perjudicial y de revitalizar la positiva.

34 La energía de los reflejos de los espejos

Los reflejos de los espejos emanan una fuerte energía. En las actividades avanzadas de limpieza espacial feng shui, los expertos usan espejos consagrados especiales para absorber y capturar toda la mala energía de una habitación. En efecto, un método fácil que recomiendan los viejos monjes de un templo de Singapur, famoso por la pericia de su abad en cuestiones de feng shui, consiste en colocar un espejo redondo de bronce en una habitación que esté afectada por la mala energía.

Este espejo de bronce debe estar consagrado con un mantra adecuado (una plegaria o una bendición repetida) para bendecir objetos antes de colocarlos en la habitación. A continuación, todas las malas vibraciones serán absorbidas y neutralizadas por su reflejo.

Los espejos de bronce absorben la energía negativa de las habitaciones.

Los espejos deberían reflejar siempre la luz en vez de la oscuridad; espacios limpios en vez de espacios saturados, y paredes en lugar de entradas y largos pasillos. Si tienes un espejo de pared en tu casa, míralo desde varios ángulos para asegurarte de que siempre refleja espacio bueno y no afligido. Si ves que el espejo refleja algo adverso, como por ejemplo una esquina sombría o cargada de trastos, despeja el espacio o cubre el espejo para que no doble los malos efectos de la imagen negativa. Se dice que los espejos que reflejan cosas favorables como un bonito césped, flores o instalaciones de agua en espacios abiertos atraen la energía nueva y revitalizante de la naturaleza.

Toma más precauciones en las esquinas 35

Cuando hablamos de la acumulación de energía negativa, debemos poner un énfasis especial en las esquinas. Por alguna razón, la energía negativa, las telarañas y la suciedad suelen gravitar hacia las esquinas, y es allí donde se observa el mayor número de telarañas y esqueletos de insectos muertos. Aun así, las esquinas son también los lugares donde suele residir el chi más benevolente.

La esquina opuesta a la puerta de entrada de una casa en diagonal es generalmente el foco vital más importante para calcular la calidad de la energía de la casa. Es allí donde el buen chi fluye y las acumulaciones de chi traen un montón de buena suerte a los habitantes de la casa. No coloques aparadores ni armarios en esa esquina, ya que contribuyen a la formación de suciedad en la zona. Por la misma razón tampoco debes construir armarios empotrados. Es mejor mantener el sitio libre y limpio de trastos y objetos. Coloca una luz brillante en esa esquina para activar el flujo del chi.

Pon el mismo énfasis en las esquinas de todas las habitaciones de tu casa. Evita que el chi de las esquinas quede obsoleto y estancado asegurándote de que la energía del lugar está en movimiento constante. Además de la luz, utiliza el sonido con el mismo fin. Colocar altavoces en las esquinas es una manera excelente de infundirles energía yang. Cuando las esquinas están limpias y energizadas, el flujo del chi es heterogéneo.

La esquina opuesta a la puerta de una habitación en diagonal debería estar llena de buen chi, así que ilumina bien la zona, no almacenes cosas en ella y mantenla siempre libre de trastos y objetos.

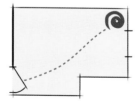

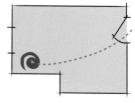

36 El flujo energético en el hueco de la escalera

Asegúrate de que la energía fluye por encima y debajo del hueco de la escalera de tu casa. Mucha gente pasa por alto las escaleras, sin darse cuenta de que ocupan el espacio que conecta las zonas exteriores de la casa con las dependencias privadas del hogar. El chi del hueco de la escalera no debe estar nunca bloqueado. Si se bloquea, asegúrate de que haces algo para remediarlo enseguida.

Por descontado, las escaleras pueden parecer apretadas sencillamente porque son demasiado estrechas. Mantener el espacio bien iluminado ayuda a solucionar el problema.

El chi de los huecos de las escaleras se puede potenciar colgando imágenes bene-factoras en la pared de la escalera y manteniendo toda la zona bien iluminada. Siempre recomiendo colgar una imagen pro-tectora al final de la escalera y un «objeto de finalización» en la parte superior, que simbo-

> Las escaleras y su entorno deben estar limpios para que el chi fluya sin problemas. No se deben acumular trastos en la zona del hueco de la escalera ni sobre los escalones; de lo contrario, se bloquea la energía natural de la casa.

liza todo su potencial. Puede ser un cuadro de una escena de la cosecha, una flor com-pletamente abierta, pájaros anidando o volando, fruta madura o alguna cosa por el estilo. Utiliza tu creatividad e imaginación.

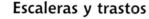

Escaleras y trastos

Las escaleras también se pueden bloquear cuando se dejan pilas de cajas en el rellano o al final de la escalera. Una vez, mi hermano decidió apostar por el negocio de las correas de ventilador y llenó la casa de cajas llenas de ellas, que colocó en la escalera simple-mente porque no tenía otro lugar donde ponerlas. Durante esa época, perdió una suma importante de dinero.

Nuestros padres vivían en la misma casa y se pusieron muy enfermos. La enfermedad de papá fue la más grave. Le diagnosticaron presión arterial muy alta y diabetes, y sufrió un derrame cerebral que le dejó muy débil. Después de convencer a mi hermano para que quitara todas las cajas de la escalera, mi padre se recuperó. Con el chi otra vez en movimiento, su salud mejoró rápida-mente.

Renueva la energía en los espacios estrechos 37

Al menos una vez al mes, o tan a menudo como te permita tu rutina diaria, intenta dejar que la energía fluya por los espacios más estrechos de tu casa. Los vestíbulos estrechos cercanos a la escalera, por ejemplo, se beneficiarán tremendamente del flujo del chi. Estos pasillos y vestíbulos también son conductos de chi y, aunque puede que sean pequeños y estén abarrotados de cosas, la calidad del flujo del chi en esos sitios es vital para la salud de la casa. Así que, una vez al mes, abre todas las puertas y ventanas para crear un flujo de energía nueva.

Periódicos y revistas

Nunca dejes pilas de periódicos o revistas de cotilleo en los pasillos o cerca de las escaleras, porque tienden a atraer la energía negativa. Los periódicos son algo horrible, sencillamente porque contienen innumerables historias de crímenes, violaciones, guerras y asesinatos. Todas esas malas noticias metidas en tu pequeño vestíbulo no pueden atraer buena energía. Lo mismo sucede con las revistas de cotilleo. Tíralas después de leerlas. Nunca permitas que la prensa se apile.

Las revistas ilustradas que contengan productos y gente hermosa no son ni de lejos tan perjudiciales como las revistas de cotilleo, en las que figuran muchos más sucesos que en las revistas ilustradas. Mantén todos los espacios estrechos libres de estas fuentes de energía negativa.

La iluminación

Una de las mejores maneras de cuidar los espacios más estrechos es mantenerlos bien iluminados. No es necesario colocar focos, pero tener encendida una luz durante la noche atrae una mayor concentración de energía yang. Utiliza luces blancas en vez de amarillas para esos espacios.

Si tienes plantas en los espacios más estrechos, asegúrate de que están vivas, limpias y sanas. Nada es más triste que una planta polvorienta y mustia. Libera energía fresca moviendo las plantas periódicamente.

También debes cambiar los cuadros y los objetos que cuelgan de las paredes con cierta regularidad. De lo contrario, se vuelven cansados, viejos y tristes. No dejes que tus cuadros se desgasten con el tiempo; de lo contrario, emitirán energía yin.

Si tus paredes te parecen demasiado oscuras, píntalas de un blanco luminoso y fresco.

38 Un programa revitalizante en ocho pasos

Decídete a revitalizar tu hogar. Después de leer este libro, ponte manos a la obra de inmediato.

1 Empieza elaborando una lista de todas las cosas que necesitarás. Arranca con tu propia mente y la apatía saldrá por la ventana. Motívate visualizando tu casa con energía renovada, limpia, clara y beneficiosa. Date un espacio de tiempo para conseguirlo. Decídete a hacerlo todo en un fin de semana o durante cuatro fines de semana seguidos, asignándote habitaciones diferentes para cada fin de semana.

2 Organízate. Dedica diez minutos para entrar en cada habitación con una libreta. Haz una lista de las cosas que deben cambiarse, todos los trastos que quieres tirar y todas las obras que quieres iniciar. Cuando hayas terminado, haz una lista de las habitaciones por orden de importancia. Si quieres que los demás miembros de la familia se involucren en la tarea, reparte las habitaciones. Si no, asígnate unos días diferentes para arreglar cada habitación.

Manos a la obra

3 Un consejo: empieza por la habitación que te importe menos, y deja la habitación que te importe más para el final. De esta manera, estarás seguro de que finalizarás el trabajo.

4 Convierte uno de los dormitorios en un taller. Deberá ser una habitación que quede más o menos a la mitad de la casa para que puedas colocar todos los trastos que quieres dar, reparar y vender.

5 Compra sacos de basura. Asegúrate de que son grandes y fuertes, porque debes tirar todas las cosas que no quieres. Reordenar la casa es verdaderamente algo muy terapéutico, y se va volviendo más fácil con la práctica. No te estreses porque te cueste decidir qué tirar y qué guardar. Cuando tengas dudas, guárdalo. Ya lo tirarás en la próxima ronda de limpieza general, dentro de seis meses. A medida que vayas adquiriendo más habilidad en esto, observarás que progresivamente te vas desapegando de las cosas materiales. Vaciar la casa no es algo que se haga una vez en la vida. Con el tiempo, verás que lo pones en práctica regularmente, tal vez una o dos veces al año.

6 Revitaliza tu casa con una nueva mano de pintura al menos una vez cada tres años. Contrata a profesionales que lo hagan si puedes permitírtelo. Si no, organiza un divertido día de bricolaje. Pinta la casa habitación tras habitación. Elige colores divertidos, pero en caso de dudas, usa el blanco, que es un color muy yang y adecuado para todas las habitaciones. Limpia a fondo tu casa antes de ponerte a pintar. Piensa en las capas de energía negativa que se tienen que retirar y sustituir por la nueva energía renovadora. El olor de pintura fresca hará que te sientas mejor.

Nuevas luces y aire fresco

7 Éste es uno de los métodos más efectivos para revitalizar la energía de las casas. Compra unas pocas luces extra –nuevas pantallas, luces y vidrios pintados– y te asombrará lo cálida y luminosa que se vuelve la energía de tu casa. Haz que la energía de la luz del sol entre a través de los cristales de las ventanas. Lava las cortinas y cuelga cristales facetados en las ventanas para atraer la energía del sol. Dar un baño de sol a tu casa o piso durante el verano es algo muy beneficioso. La luz del sol tiene el poder de revitalizar toda tu casa: paredes, muebles, almohadas, cojines, camas, alfombras y cortinas. La energía del sol proporciona nueva energía yang a la casa.

8 Deja que el viento entre en tu casa. El chi se deja llevar por el viento. Dejar entrar la suave brisa es invitar a un valiosísimo nuevo chi en la casa. Es terapéutico y muy renovador.

Renueva tu vida al cambiar de residencia   39

Es sorprendente la cantidad de cosas que acabamos guardando. Nuestras casas, y vidas, hacen de almacén continuamente. Al igual que la mente, los pensamientos-basura se meten en nuestras mentes constantemente. Intenta concentrarte en el silencio durante un minuto y verás lo difícil que resulta. Los pensamientos entran y salen de nuestra mente todo el tiempo. Los pensamientos al azar invaden nuestra conciencia desde varios compartimientos de la masa de la memoria, como si el cerebro fuera una máquina con el piloto automático puesto. Con la casa sucede lo mismo: en cada esquina de cada habitación, hay objetos al azar –artículos de todo tipo, pequeñas cosas, cosas grandes, cosas divertidas, cosas útiles, cosas-basura– que molestan y que nos producen estrés. Puede resultar muy estresante vivir con las habitaciones desordenadas, los armarios atiborrados y las mesas de trabajo con montones de cosas. Normalmente no nos damos cuenta de ello, pero, al cambiar de casa, o al menos considerarlo, la basura de nuestras vidas empieza a abrumarnos, y a menudo nos distrae y nos irrita. La basura material y no material está creada por la mente.

Los trastos son subjetivos, los libros son un buen ejemplo de ello. Regalar libros que ya no quieras o que no necesites te libera de las viejas ideas que te impiden avanzar.

Por qué los trastos son subjetivos

Decidir si algo es basura es una decisión puramente subjetiva. La posesión más preciada de alguien puede ser basura para otra persona. Algo que significa mucho para alguien puede no tener ninguna relevancia para otra persona. Así que, tirar los trastos y la basura de tu vida consiste en deshacerse de las cosas que tú crees que son basura. Tú eres el que debe definir lo que es basura y lo que no.

Guarda los objetos queridos

Todo lo que te haga sentir feliz, que te haga reír, y que te inspire –por cualquier motivo– es algo valioso para ti, ya que te proporciona energía que te alimenta. Rodearte de los objetos que quieres y que tienen un significado para ti siempre te fortalecerá, ya que la energía que vibra alrededor de ellos está sincronizada con la tuya.

Deshazte de la basura de los malos recuerdos

Todo lo que te provoca dolor o angustia, que te hace sentir estresado, que te molesta o que te hace sentir incompetente, te evoca malos recuerdos, embota tu cerebro o sencillamente te agota –de cualquier forma posible– es basura. Debes deshacerte de ella para que no te moleste, importune o cause estrés nunca más.

Así que cuando te hayas cansado de algo, tanto si es un libro, un periódico, un bolso, ropa, objetos decorativos, cuadros, muebles, cortinas, o cualquier otra cosa, sea pequeña o grande, sin valor o valiosísima, y haya perdido para ti su significado especial, su brillo... ¡tíralo, véndelo o regálalo!

40 Vacía tu vida para hacer sitio a cosas nuevas

Si quieres crear espacio para que nuevas cosas entren en tu vida, es necesario tirar todas las cosas que ya no tienen significado para ti o que ya no se adaptan a tu personalidad. He descubierto que este sencillo principio –crear un vacío para que puedan entrar las oportunidades nuevas– es incluso más poderoso cuando se usa en conjunción con la brújula direccional del feng shui. En el feng shui, los diferentes puntos cardinales y secundarios representan diferentes zonas de aspiraciones vitales; vaciar de trastos los ocho rincones de una habitación que coincidan con las ocho direcciones de la brújula es un método fabuloso de profunda concentración. Así que, cuando necesites atraer nueva fortuna en tu vida, fíjate en la basura que se ha acumulado en las esquinas de tu casa y también en la habitación que ocupas. Concéntrate en estas esquinas y combina el simple principio de crear espacio para las cosas nuevas tirando las viejas con la colocación estratégica de los potenciadores del feng shui según las normas básicas del feng shui simbólico.

Por ejemplo, si quieres amor y una nueva relación, intenta aplicar estos principios en la esquina suroeste de tu habitación y, a continuación, coloca símbolos del amor, por ejemplo un par de patos mandarines. Vaciar cualquier espacio equivale a vaciarlo de actitudes y aspiraciones negativas que pueden haberte causado dolor. Es lo que debes hacer para crear espacio para nuevas experiencias.

La luz verde aumenta el poder del dios de la riqueza

El dios chino de la riqueza se puede iluminar con una luz verde para potenciar el elemento de madera del sureste, la esquina del dinero.

En 1999, el año en que mi hija se graduó en la universidad y volvió a casa, en Malasia, tenía que buscar un trabajo, así que ordené la esquina de la carrera de su habitación (es decir, la esquina norte de su habitación). Había un armario lleno de los trastos de su infancia. Lo vacié de juguetes, libros, trajes de baño y otras cosas que ya no quería y las regalé. En esa esquina, coloqué tres grandes monedas metálicas para activar el ciclo del elemento con agua productora de metal. Como el norte pertenece al elemento del agua, necesitaba que en ese rincón se produjera agua, de ahí las monedas. Tan sólo un mes más tarde, le ofrecieron un puesto en CISCO, en su departamento de marketing.

Pero lo que Jennifer quería de verdad era montar su propio negocio. Así que entonces me concentré en su esquina de la riqueza, que estaba en el sureste. Quité una estantería en la que guardaba su colección infantil de muñecas y ponis de juguete. En su lugar, instalé una luz verde para reforzar la energía de crecimiento del elemento de madera y justo enfrente de la luz puse el dios chino de la riqueza.

Un mes más tarde, Jennifer montó una pequeña empresa llamada wofs.com y, ocho meses más tarde, cuando la empresa empezó a tener unos ingresos importantes, un multimillonario le ofreció millones por vender una pequeña parte de la empresa.

La limpieza de trastos es también una cuestión mental

41

Limpiar de trastos es algo maravillosamente liberador, porque raramente nos percatamos de nuestra sutil tendencia a dar tanto valor a las cosas materiales. Cuando nos damos cuenta de las pocas cosas materiales que nos aportan felicidad de verdad, toda la basura de nuestra vida se vuelve más visible, y de esta manera empezamos a entender que deshacernos de los trastos es también una cuestión mental.

La purificación de la mente

Me di cuenta de eso cuando realicé mi primer retiro en el monasterio de Kopan, en Katmandú. Decidí que necesitaba más espiritualidad en mi vida y me apunté a un curso de meditación de un mes de duración. La habitación que me asignaron era tan austera que cuando la vi casi me puse a llorar. Tenía una cama, una mesa y una silla. No había ningún motivo decorativo; no se permitían perfumes, ni cosméticos, ni radio ni libros, nada de nada. Todo lo que tenía eran paredes desnudas, lo imprescindible y mi mente. Aun así, ese mes tuve la experiencia más innovadora de toda mi vida. Forzada a vivir como una superviviente, me concentré en mi interior y, ayudada por los monjes y monjas de Kopan, descubrí el mundo de mi propia mente. Sin nada que me pudiera distraer, desarrollé un creciente sentido de conciencia sobre mi entorno. Respiré el aire limpio e intensamente frío, empapada por la rica sensación de la brisa.

Pasar los pensamientos por la tintorería

A medida que me iba adentrando en mi interior, empecé a limpiar mi mente de sus impurezas, aflicciones y pensamientos negativos. El proceso fue doloroso pero catártico. Fue como lavar la ropa sucia.

Cuando empiezas por primera vez a fregar, toda la suciedad sale y ensucia el agua, así que sientes el dolor, los males y el ego que se resiste, te encuentras mal, te abandonas a la autocompasión y realmente quieres renunciar. Pero la espiritualidad del lugar y el curso de meditación te ayudan a seguir adelante. Así que te quedas ahí hasta que, lentamente, el agua sucia se va aclarando. Tu mente desarrolla una aguda sensibilidad hacia la energía del tiempo y del espacio.

Fue la limpieza más grande que he hecho nunca de mi mente y de mi vida. Como resultado de ello, me sentí más ligera y radiante. Ahora voy a Kopan al menos una vez al año para limpiar toda la suciedad que se va acumulando en mi mente.

Deshacerse de los trastos es una actitud mental: entender qué es importante para ti para poder pensar con claridad y vivir con más sencillez.

42 Considera a las personas con las que vives

No todos podemos apreciar la necesidad de limpiar periódicamente nuestro espacio vital. Y no todos nos pondríamos de acuerdo en la definición de lo que es desechable y lo que no. Para mucha gente, las cosas inútiles que se comen el valioso espacio son simples cacharros, pero lo que son cacharros para una persona pueden ser objetos preciados para otra.

Deshacerse de los trastos es fácil cuando vives solo, cuando eres el único juez de lo que es inútil y lo que es valioso. Todo lo que debes hacer es ponerte en marcha. Haz una lista para cada habitación. No hace falta que consultes a nadie, no has de tener en cuenta los sentimientos y las sensaciones de nadie más. Tan sólo dedica un par de fines de semana a dar una completa puesta a punto a tu casa.

De todos modos, deshacerse de los trastos suele ser más complicado. La mayoría de la gente vive con al menos otra persona, y la mayoría habita con otras personas que son totalmente inconscientes de los trastos que les rodean. Con el paso de los años, estas personas también han desarrollado una cierta inmunidad a la energía negativa –cansancio, letargo, hostilidad y bloqueos que conducen a la enfermedad– que genera este tipo de entorno casero.

El arte de la persuasión sutil

Si estás compartiendo tu espacio vital con gente que tiene esa visión indiferente sobre el espacio que habita, puede resultar duro para ti empezar una dieta de limpieza del espacio. En esta situación, ten en cuenta a los que viven contigo. Empieza poco a poco, despejando el espacio un poquito más cada vez. Déjales ver que la energía de la casa es mucho más agradable después de ordenarla, limpiarla y organizarla.

Es siempre más seguro empezar por el salón, tomarse un poco más de tiempo cuando se trate de las habitaciones, los despachos personales, los armarios y las cómodas. Los salones son las zonas públicas de la casa, así que lo que es desechable ahí es bastante obvio. Cuando empiezas a tirar los viejos periódicos y revistas, a la gente no suele importarle. Pero empezar a tirar objetos de interés personal es algo muy diferente, así que considera a aquéllos con los que vives.

Muchas parejas no comparten las mismas preferencias en lo que a la disposición de los interiores se refiere; lo que para uno puede ser un trasto, para el otro puede ser una reliquia familiar.

No todos los trastos son malos 43

Distingue entre objetos buenos y malos: piensa en qué tipo de recuerdo te evoca el objeto, en lugar de aceptarlo como parte de tu historia personal. Conserva los buenos recuerdos.

Hay cosas en nuestra vida que, simplemente, ya no empleamos, pero que continúan teniendo un pequeño lugar en nuestro corazón, por cualquier motivo. Son cosas de las que no estamos preparados para deshacernos. En estos casos, sé flexible con lo que identifiques como trastos, guárdalos un poquito más o hasta que estés preparado para deshacerte de ellos.

No hay nada ni nadie que te prohiba guardar recortes de prensa de alguna noticia pasada, una foto desteñida de hace mucho tiempo, un viejo expediente académico, un deseo de cumpleaños enviado por un admirador ya olvidado cuyas palabras te emocionaban, un cuaderno de infancia, una blusa de encaje que te trae recuerdos de buenos tiempos, cualquier cosa que podría tirarse en circunstancias normales pero que todavía quieres guardar. Puede que el objeto no tenga ningún valor, pero aun así algo te impide deshacerte de él. Guárdalo, y date cuenta de que no todos los trastos son malos.

¿Basura o tesoro?

Siempre hay objetos sencillos, incluso tontos, en nuestras vidas que siguen teniendo energía positiva simplemente por lo que significan para nosotros; el chi de la felicidad se pega a las cosas tan fuertemente como el chi de la infelicidad. La energía trabaja igual de bien de las dos maneras, y también tiene una dimensión temporal. ¿Quién dicta cuando algo de gran valor sentimental se vuelve simple basura?

Así que acepta que no todos los trastos son malos. No hay que tratarlos a todos como basura. Honra las cosas que en algún momento te hicieron feliz. Verás que el recuerdo de un momento de valentía te aporta valentía cuando la necesitas, de la misma manera que el recuerdo de un momento de triunfo puede ser intensamente alentador. No hay ningún motivo para tirar objetos que nos evocan recuerdos tan positivos, ya que constituyen un refuerzo para nuestra felicidad.

44 Objetos que eclipsan tu energía

Deshazte de los trastos que eclipsen tu energía. Se trata de los objetos cuya aura y chi son pesados, cargados de hostilidad y te causan angustia cada vez que te acercas a ellos. Normalmente, los trastos de este tipo adoptan la forma de muebles, pinturas u objetos decorativos con los que tienes que vivir a pesar de las intensas vibraciones negativas con las que los asocias.

A veces es sencillamente la presencia de un objeto pesado, que los habitantes de la casa asocian con el chi negativo, lo que absorbe su energía. Cuando se retira uno de estos objetos, es como si la casa reviviera. Y cuando su energía interior empieza a moverse de nuevo, casi siempre trae buenas noticias.

Las colecciones de artefactos pueden emitir energía negativa si están relacionadas con un miembro difícil de la familia.

Tiempo de cambios

Hace tiempo, una amiga mía tenía un viejo reloj en el recibidor de su casa, y le ponía los pelos de punta cada vez que pasaba por delante. Había pertenecido a la familia de su marido y su suegra había insistido en que se lo quedara su hijo mayor para que «recordara su herencia». Al cabo de unos años, el pesado reloj pasó a representar todo lo negativo que ella asociaba a la vieja mujer. Incluso mucho después de la muerte de su suegra, el reloj seguía siendo una importante fuente de chi hostil para mi amiga.

Cuando me contó esta historia, me sorprendió lo agitada que se puso mientras describía el reloj. «Deshazte de él» le recomendé. «Obviamente, eclipsa tu energía y te provoca estrés».

Sencillamente no se le había ocurrido nunca venderlo. Había vivido con el reloj durante tanto tiempo y había establecido su presencia con tanta potencia en su hogar que había suprimido la suya por completo. Mi amiga lo arregló todo para que se lo llevaran a una tienda de muebles antiguos, donde más adelante encontró un hogar con una energía más acorde a la suya.

El efecto sobre mi amiga fue sorprendente. Sin el reloj del abuelo en el salón, parecía como si el chi de la vieja casa hubiera empezado a fluir de nuevo, y eso le dio fuerzas renovadas. Su marido fue ascendido, lo que ella hábilmente atribuyó al hecho de que se hubiera deshecho del reloj, y la última vez que la vi ya había hecho una reforma completa de su casa.

Objetos que bloquean la energía 45

Si quieres que tu vida fluya sin complicaciones, retira cualquier objeto que obstruya la entrada del flujo de energía y su movimiento en el interior de la casa. Las vibraciones de la energía bloqueada en el hogar tienen un efecto negativo en el bienestar de sus habitantes. La energía debería poder moverse sin impedimentos desde la entrada, dentro de la casa y de una habitación a la otra. Cuando la energía se bloquea, tu vida también lo hace, se convierte en una lucha y es muy difícil alcanzar el éxito.

Por dónde empezar

Las zonas del vestíbulo, el salón y las escaleras son las más susceptibles a la acumulación de objetos. Son los conductos de la energía de la casa, así que es vital que los mantengas despejados.

El vestíbulo bloqueado crea un entorno hostil que penetra en el resto de la casa, así que organiza este valioso espacio para dejar los zapatos, abrigos y paraguas. De esta manera permitirás que la energía que entra por la puerta principal se acumule en el vestíbulo antes de dispersarse por el resto de la casa. Coloca una mesita para poner los trastos diarios, y despeja el vestíbulo cada día. Mantén las paredes y los suelos limpios y sin objetos, y deshazte de los cuadros antiguos y otros objetos decorativos. Cuando hayas creado un camino limpio y acogedor a lo largo del vestíbulo, el chi vibrante de la buena suerte podrá entrar en tu casa sin vacilar.

Los pasillos y pequeños salones mueven la energía de una habitación a la otra. Unos sitios seguros para atraer la acumulación de objetos son los armarios, los aparadores y las mesas, donde se suelen dejar olvidadas las revistas, los periódicos y la propaganda. Deshazte de todo. Es sorprendente con qué rapidez se acumula la suciedad en las superficies de las mesas y encimeras. Este tipo de trastos pueden ser perjudiciales cuando se acumulan en los salones y bloquean el flujo del chi. La solución para esto es quitar los muebles, creando un camino cómodo a través del cual pueda fluir el chi. En su lugar, ¡pon una papelera!

El uso de espejos

Los espejos de los salones o pasillos no deben reflejar los trastos, ya que doblan simbólicamente la negatividad de los mismos. Utiliza una mesilla redondeada o un armario para guardar los trastos. Una planta de hojas redondeadas en las esquinas de la habitación ayuda a mantener un flujo sin obstáculos del chi.

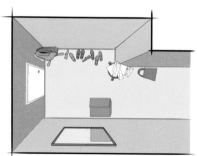

El espejo refleja los trastos del vestíbulo.

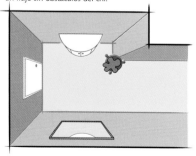

El espejo dobla el efecto del chi bueno de un vestíbulo ordenado.

Las escaleras mueven la energía de un nivel del hogar a otro, así que no deberían estar abarrotadas con pilas de trastos. Mantén tus escaleras bien despejadas para que el flujo del chi en las dependencias del hogar sea cómodo. Esto facilita en gran medida el reabastecimiento de chi en toda la casa.

46 Papeles que afectan el bienestar mental

Existe una categoría de objetos o trastos que agota el espíritu, angustia la mente y nubla el juicio. Esta basura se apila en los espacios de trabajo y en los dormitorios, y normalmente está relacionada con las cuestiones difíciles y preocupantes. Se trata de los papeles –toda tu correspondencia diaria– que, si no se organizan, afectan el bienestar mental y desencadenan el estrés. Nunca deberíamos permitir que se amontonaran.

Mucha gente no presta atención a las facturas sin pagar, cartas sin clasificar, faxes y otros documentos, y los deja allí durante semanas o incluso meses. Este tipo de documentos y papeles, consumiéndose en los escritorios, mesas, y estanterías, en casa o en la oficina, pueden ser la fuente de muchas preocupaciones. Su efecto es subliminal, ya que vulneran la mente subconsciente y activan las células de la preocupación que pueden provocar migrañas, estrés y tensión. Tanto el cuerpo físico como el espíritu pueden verse afectados.

Muchos documentos importantes asociados al simple proceso de la vida –facturas de servicios públicos, archivos de impuestos, avisos del teléfono– así como publicidad superflua, nos llegan a través del correo cada día. Inconscientemente, dejamos que se vayan apilando y en sólo una semana el montón ya se ha convertido en una basura muy peligrosa que induce al estrés.

El correo comercial es basura

Compra organizadores y archivadores, y crea el hábito de tirar el correo comercial el mismo día en que lo recibes. La propaganda es basura, aunque muchas veces nos quedamos catálogos que nunca utilizamos, noticias del club de viajes que nunca volvemos a consultar y, la pesadilla de los fanáticos de la pulcritud como yo, los boletines informativos organizativos y revistas gratis, una basura como la copa de un pino. La propaganda comercial debe leerse cuando llega, y tirarse acto seguido.

Abre toda tu correspondencia a diario y dedica unos minutos a esta tarea. Deshazte de los sobres y clasifica inmediatamente los documentos importantes para que nunca experimentes el estrés de haberlos traspapelado. La mejor manera de deshacerse de la basura es asegurarse de que nunca tiene la oportunidad de acumularse.

Puedes hacer turnos con tu pareja o elaborar una rueda de turnos para hacerlo. En mi casa, de todas maneras, los turnos no funcionan. Soy yo la que tiene que tirar los papeles que llegan por correo cada día; de lo contrario, se van acumulando.

Crea un espacio cómodo donde puedas sentarte con calma para clasificar la correspondencia. Ten un archivador a mano para organizar los papeles que debes guardar, y una papelera para que puedas tirar la verdadera basura inmediatamente.

Deshazte primero de la verdadera basura: los objetos no deseados

47

Cada casa tiene su justa medida de objetos no deseados, cosas que ningún miembro de la familia quiere, pero que aun así nadie se deshace de ellas. En esta categoría de trastos están los periódicos y las revistas caducados, catálogos y correo comercial. También existen un tipo de objetos desechables menos obvios, y que pueden provocar que las energías de la casa no estén bien sintonizadas, que atraigan energía negativa o, aún peor, que la energía se estanque y se vuelva rancia.

Esta categoría incluye los aparatos electrónicos que ya no se usan, como por ejemplo, equipos de estéreo rotos, radios, ordenadores, planchas, teteras eléctricas y aires acondicionados. Mucha gente simplemente no puede aceptar que estas comodidades de la era moderna –que normalmente son conocidas como electrodomésticos de línea blanca– tienen una vida útil limitada y no duran para siempre. Cuando se rompen, deberíamos tirarlos o, siempre que sea posible, llevarlos a un centro de reciclaje.

Vivir con amantes de la acumulación

Mi marido guardó su equipo de estéreo de 1966 durante muchos años después de que se rompiera. Insistió en guardar una vieja nevera que había funcionado durante 12 años, mucho después de que se hubiera roto. Sus armarios estaban llenos hasta los topes de trajes y camisas sport comprados hacía décadas. No es de extrañar que su vida sufriera una grave caída en picado.

Decidí arriesgarme y tiré todos los trastos que había ido acumulando. Curiosamente, y debido a que lo que tiré realmente era basura, él nunca echó de menos nada. Ése fue el comienzo de nuestros buenos tiempos. Después de ese día, tiré sistemáticamente todo lo que no funcionaba y renové mi casa cada año, de pies a cabeza. Quité toda la basura que se había acumulado en la parte trasera de la casa, en los cuartos trasteros e incluso dentro y alrededor del baño.

Esta constante renovación permitió que entrara una valiosa y nueva energía yang, ya que al tirar la basura nos liberamos también de la energía yin. Nuestra vida en común fue mejorando a partir de entonces. Hemos estado juntos durante 35 años hasta ahora y ha aceptado mi feroz determinación de hacer una limpieza a fondo cada año.

En efecto, una vez que me di cuenta de lo absolutamente estimulante que es este proceso de renovación, empecé a querer deshacerme de todas nuestras pertenencias no deseadas cada año. La llevo a cabo justo antes del Año Nuevo lunar, y nunca dejo de maravillarme del enorme volumen de basura que conseguimos acumular a pesar de la limpieza que realizo cada mes: periódicos, revistas, pilas usadas y ropa vieja que vendo al trapero que pasa regularmente por casa y nos da unos cuantos dólares por todas nuestras viejas posesiones.

Muebles viejos, cuadros y aparatos eléctricos como las radios pueden convertirse en verdadera basura. Si no tienen un valor sentimental real y, sobre todo, no funcionan, deshazte de ellos inmediatamente.

48 En segundo lugar, deshazte de la basura emocional: los objetos sentimentales

Todos poseemos objetos sentimentales. Es lo que denomino «basura emocional»: objetos que tocan nuestras fibras sensibles, cartas de amor, flores prensadas, fotos amarillentas por el paso del tiempo, una canción, un vestido, una vieja alfombra, un libro descolorido... ¿qué es lo que conforma el sentimentalismo?

Sencillamente no existen unas reglas fijas sobre las cosas que tienen un valor sentimental para la gente que ha perdido a seres queridos a lo largo de la vida. Tales objetos tienen vida propia y el aura que les rodea suele ser brillante y resplandeciente. La energía ligada a esos objetos suele ser vibrante, viva y fresca gracias a la enorme pureza del amor que estaba apegado a ellos.

¿Por qué se tendrían que tirar esos objetos? Esos no se deben tirar. Los objetos que tengan un significado emocional, aunque sea solamente para una persona de la casa, son válidos respecto a la energía que emanan. Guárdalos. No son basura. Son objetos de afecto, amor y dedicación, y pueden ser venerados como tales sen-

Los objetos como los marcos con fotos de boda deben evocar recuerdos felices si quieres seguir guardándolos.

cillamente porque alguien siente cariño por ellos.

Lo que debe tirarse es la basura sentimental que ya no tiene significado. Las cartas de amor de un antiguo novio que ahora está felizmente casado con otra persona, por ejemplo, se deberían haber tirado hace mucho tiempo. El vestido de fiesta que se llevó al baile de promoción que acabó en lágrimas debería haberse regalado a la beneficencia hace una década. Las fotografías borrosas de tiempos menos felices también deberían tirarse a la papelera.

La elección de qué cosas deben guardarse

Si quieres guardar objetos sentimentales, elige las fotos de tiempos felices, ropa que te recuerde días radiantes, cartas de personas muy queridas que continúan siéndolo, y deshazte de todo lo demás. De todos modos, cuando guardas demasiadas pertenencias sentimentales, tienden a perder su significado. Si dudas sobre guardar algo o no, tenlo un año o dos más, hasta que llegue el momento en que ya no signifique nada para ti. Entonces tíralo.

El proceso de limpieza puede ser muy terapéutico, ya que al recordar viejos tiempos, puede que algunos objetos sentimentales de otras épocas de tu vida te den nuevas perspectivas sobre tus viejos sentimientos, y a veces pueden hacer que te preguntes por qué te sentiste de una determinada manera hace tantos años. Cuando tienen lugar comprensiones catárticas como esta, pueden resultar muy cicatrizantes, ya que te permiten dejar atrás el pasado, y hacerte comprender que estás preparado para seguir adelante.

Despejar la casa de trastos despierta el chi 49

Despejar la casa de trastos es el mejor anti-depresivo que existe, ya que el aire añejo y estancado que normalmente se pega a los trastos quietos e inmóviles de la casa hace que a menudo el chi del entorno se vuelva pesado, creando vibraciones que te hacen sentir deprimido. Cada vez que conozco a alguien triste, que parece estar inmerso en una espiral hacia la depresión, sé que en parte es debido a que la energía de su entorno es demasiado pesada para él y que le abruma.

Supera la depresión

Hacer el esfuerzo de despertar el chi de tu espacio vital cambiando los objetos de sitio –no necesariamente los trastos, sino las cosas que se han ido acumulando durante los años– suele ser tan efectivo a la hora de mover el chi, que levanta el ánimo de una manera sorprendente para el que lo observa. Una cierta ligereza empieza a invadir el ambiente, semejante al efecto de una hora de gimnasio. Despejar la casa de trastos implica tanto la dimensión física como la mental del ser. Es una tarea físicamente

dura, pero también es muy relajante. A medida que se van apilando las bolsas de basura, es como si, al liberar el chi a tu alrededor, tus ánimos también se liberaran. La depresión se esfuma y, al finalizar la limpieza, te invade un sentimiento genuino de renovación.

Deshacerse de los trastos y guardar lo que se quiera ilumina el chi de tu casa.

En sintonía con el proceso de limpieza 50

Es importante que estés en sintonía con el proceso de limpieza. El acto en sí mismo es un escape de la cotidianidad. Es una salida de la rutina, y la mente se ve sacudida por una grata creatividad. Cuando la mente se concentra en el proceso de limpieza de los trastos del espacio físico, automáticamente pone en marcha el chip de la limpieza. Esto significa que lo que haces en el espacio material de tu alrededor a menudo también se refleja en la mente subconsciente, así que estar en sintonía con el proceso de limpieza crea muchos efectos secundarios maravillosos. No se trata tan sólo de no dejarse afectar por la basura de la vida y de la mente de una manera

subconsciente, sino también de que la mente encienda su chip organizativo. Hay un momento en que la mente se pone en sintonía con lo que se puede hacer para simplificar los futuros procesos de limpieza y prevalece una cierta comprensión del espacio.

A medida que vayas despejando tu casa de trastos, cada vez te llevará menos tiempo hacerlo y sentirás que realizas el proceso de una manera más natural. Cada vez será más fácil, pero lo importante es empezar, porque, una vez que has experimentado sus beneficios, querrás repetirlo una y otra vez. Así reacciona la mente, adaptándose y contribuyendo a cualquier actividad beneficiosa.

51 Deshazte de los trastos que bloquean las puertas y las entradas

Mantén despejadas las entradas a ambos lados de la puerta y el chi de la buena suerte fluirá sin problemas en tu vida. Los proyectos avanzarán sin contratiempos y las relaciones te aportarán una felicidad comparable a la navegación por un río de aguas tranquilas.

Tipos de aflicciones en las puertas

La entrada es donde tú, tu espíritu y el espíritu de tu espacio y de tu casa entráis y salís. Este flujo de chi no se debe bloquear, afectar o contaminar nunca.

Los caminos del flujo bloqueados Si el camino del flujo está bloqueado, tu vida también. Nada funciona, nada avanza. Las relaciones se tambalean. La gente se queda atascada en las rutinas de sus trabajos. La movilidad se estanca. Cuando el camino para entrar en la casa está bloqueado, las oportunidades se acaban. Cuando el camino para salir de la casa está obstruido, te conviertes en un prisionero de tu casa. Tu vida social se agota. Pierdes vitalidad, dinamismo y energía.

Zonas exteriores con trastos
La basura cerca de una entrada, así como las herramientas de jardinería y de construcción impiden el flujo de la energía chi.

Puerta trasera de la casa

Puerta de la valla del jardín

Entradas afligidas Esto se da cuando los trastos se amontonan hasta el punto de envenenar la energía de la entrada. Las entradas afligidas de esta manera pueden provocar que los habitantes de la casa padezcan enfermedades, pierdan dinero y experimenten una racha de mala suerte. Las entradas afligidas son propensas a ser atacadas por flechas envenenadas. Es absolutamente crucial librarse de la fuente de este tipo de aflicción: limpia ambos lados de la puerta, y deshazte de los trastos que estén a su alrededor.

Protege tu puerta de la energía contaminada

Una entrada puede estar contaminada por la energía que se ha ido acumulando lentamente y que se ha ido envenenando con el paso del tiempo, o por la energía que ha ido entrando a través de muebles que se han comprado, por la gente con malos sentimientos o por los objetos que hayan traído inocentemente los habitantes. Las vías de entrada son especialmente vulnerables a la energía negativa que entra, y por esta razón los expertos del feng shui siempre recomiendan colocar cerca de ellas imágenes de criaturas celestiales protectoras.

Por esa misma razón, observarás que en muchos domicilios chinos todavía hoy se colocan Chi Lins, perros Fu, Pi Yaos (en la ilustración)

e incluso los tradicionales dioses de las puertas en la entrada de las casas. Se cree que ofrecen protección contra la energía negativa que entra. Si tienes esos símbolos protectores en tu casa, asegúrate de que nunca se vean ahogados por una pila de trastos a su alrededor.

A veces he entrado en tiendas cuyos perros Fu protectores, colocados para guardar las entradas, estaban literalmente enterrados bajo un montón de cajas y otros trastos. Los propietarios se preguntaban por qué sus proveedores les estaban estafando. Tan pronto como sus entradas se vaciaron de los trastos que se habían amontonado, sus problemas con los proveedores también desaparecieron de inmediato.

Quita los trastos que obstruyen pasillos y vestíbulos 52

Esfuérzate para asegurar que la acumulación descuidada de trastos no bloquea nunca los vestíbulos y los pasillos de tu casa. Son conductos vitales del flujo del chi y es muy importante dejar que el chi se mueva sin problemas a través de ellos. Una manera de evitar la acumulación de trastos es no colocar mesas ni mesitas auxiliares en los vestíbulos y pasillos. Asegurándote de que no existen mesas ni espacios de almacenaje ahí, contribuirás a que estos conductos vitales de energía estén ordenados y limpios. Piensa que los pasillos y las escaleras son como las venas y arterias de tu cuerpo, que hacen que la valiosa energía fluya en tu interior.

Para ayudar a que el chi fluya, siempre es una buena idea mantener los vestíbulos bien iluminados, y las paredes y las alfombras lim-

Los vestíbulos necesitan un buen flujo de energía, pero el chi debe fluir de una manera serpenteada más que muy deprisa. Colocar un mueble, o un cuadro inspirador, en el rellano ayuda a descansar el chi y a crear un ambiente tranquilo y sin prisas.

pias. En la mayoría de los casos, estos lugares no tienen acceso a la luz natural, así que debemos realizar un esfuerzo consciente para asegurarnos de que el chi no quede estancado en estas zonas.

Utiliza la luz y la música

Hace algún tiempo, fui a ver a una persona que vivía sola en una casa de Londres. Su casa era muy estrecha y angosta. Mirando a la puerta de la entrada había una escalera, con un vestíbulo estrecho y largo que se extendía junto a la escalera. Ese vestíbulo –profundo, oscuro y sombrío– también estaba bloqueado por un colgador situado al lado de la escalera. Parecía que los muchos abrigos que colgaban de él hacía mucho tiempo que no se tocaban. De hecho, me puso los pelos de punta.

La propietaria padecía una grave soledad. Había asistido a una de mis clases y algo que se desprendía de su aire de resignación y de su expresión abatida me había tocado la fibra. Le dije que la acompañaría a casa. Cuando vi su casa, supe que se podía hacer algo para devolver la vitalidad a la vida de la mujer. Estuvo totalmente de acuerdo cuando le sugerí que tirara el engorroso colgador, así como los abrigos que de él colgaban. No los usaba desde hacía mucho tiempo, y ni siquiera durante el cambio de estaciones se le había ocurrido guardarlos. Los donó a una organización benéfica local e inmediatamente sintió una ráfaga de

euforia cuando vio que había despejado el vestíbulo. A continuación, iluminó toda la zona del vestíbulo colocando nuevas luces. También puso un altavoz para aumentar la energía yang con música ambiental, ya que le dije que era una manera excelente de atraer más gente a su vida.

Eso fue hace unos años. La última vez que la vi estaba trabajando a tiempo parcial en un centro budista de meditación local. Su vida social se ha vuelto muy activa y su vida ha cobrado un nuevo sentido. Se la veía radiante y realizada.

53 Ordena los objetos colocados encima de las mesas

Es una buena idea prestar atención, regularmente, a las superficies de las mesas de tu casa. ¿Por qué? Pues porque las mesas se suelen cubrir de trastos con una rapidez increíble. Mesitas de café, encimeras de cocina, mesas de trabajo, superficies de muebles, tocadores y escritorios de oficina, todos se cubren de trastos. Cualquier superficie elevada nos invita a colocar bolsos, comestibles, archivos y envoltorios encima de ella, así que es absolutamente necesario idear un método para mantener las mesas al menos mínimamente despejadas de trastos.

Cualquier cosa vacía simboliza escasez

Primero, clasifica los diferentes tipos de trastos. Debes decidir si algo va en otro sitio o se debe tirar. Yo soy particularmente sensible a los contenedores vacíos. Debes deshacerte de botellas, botes, cajas y tubos vacíos. Hay pocas cosas tan perjudiciales como los contenedores vacíos expuestos sobre las mesas. Simbolizan el vacío y se oponen a la abundancia.

Define la función de las mesas

Fíjate en la función de tus mesas. ¿Tienen montones de objetos permanentes, como marcos con fotos, lámparas de sobremesa, libros y plantas? En la mayoría de casas, las mesas están cubiertas de esos objetos, pero a menudo están tan llenas que no hay espacio para objetos temporales como, por ejemplo, invitaciones. Un buen método para reducir los trastos es elegir objetos decorativos y colocarlos en tu mesa «perma-

Cuando lleves una nueva mesa a tu casa, decide lo que quieres poner encima y respeta tu decisión en vez de esperar a ver qué va acumulando.

nente», sin dejar espacio para los trastos, y tener otra mesa para las cosas temporales.

La sabiduría tradicional sugiere que no importa realmente lo llenas que estén tus mesas, mientras seas consciente de la necesidad de despejarlas de vez en cuando. Con tal de que la energía nunca se estanque en una zona específica, los trastos no estarán presentes lo suficiente como para representar un grave problema.

Me gusta usar mis mesas para colocar potenciadores del feng shui que atraigan la buena suerte en las diferentes esquinas de mi casa. Así que tengo las mesas relativamente llenas pero limpias y despejadas de trastos.

Es mejor colocar recipientes llenos, porque atraen el chi de la abundancia.

Mantén tu cocina vacía: todos los trastos sobran 54

La acumulación de suciedad en la cocina puede ser bastante peligrosa, porque la energía negativa puede penetrar en la comida que ingieres. La comida cocinada no es tan susceptible de absorber el chi yin (que puede provocar enfermedades) como la comida cruda, que ya desde un principio es yin. Si eres persona de ensaladas y bocadillos, asegúrate de que tu cocina está razonablemente vacía de energía yin.

Revitaliza tu cocina

Debes ordenar tu cocina tantas veces como te sea posible para evitar la peligrosa acumulación de chi yin. A continuación se describen los puntos esenciales que debes tener en cuenta.

Limpia la nevera Límpiala una vez al mes, para que los restos de comida no se pierdan en la parte trasera y se pudran. Haz lo mismo en los armarios que contienen alimentos. Por ejemplo, la gente tiene el asqueroso hábito de ignorar los alimentos enlatados durante tanto tiempo que caducan antes de que se den cuenta. Lo mismo ocurre con las salsas exóticas y condimentos, que se convierten en basura perjudicial al degenerar en botellas y contenedores medio abiertos.

Revisa tus cacharros de cocina En la cocina, toda la basura física es mala y debería tirarse. Esta categoría incluye no sólo la comida y los alimentos pasados, sino también los platos, tazas y cuencos rotos. Los cacharros de cocina y las sartenes tampoco pueden durar para siempre y, una vez viejos, deberían reemplazarse: no compres una nueva sartén y guardes la vieja con la superficie de teflón rayada, o esa cafetera gastada y horrorosa que ya has reemplazado por un modelo totalmente nuevo.

Revisa los cubos de la basura dos veces

De este modo te asegurarás de que limpias la basura regularmente y de que tiras la comida podrida. He visto cocinas desordenadas y sucias arruinar más matrimonios y causar más disgustos de los que puedo recordar. De todas las habitaciones de la casa, la cocina es el lugar más vulnerable a la acumulación de energía yin, así que mentalízate de que toda la basura física de la cocina es mala y deshazte de ella.

Una cocina realmente bien ordenada y limpia mantiene a raya el chi yin que absorbe la energía.

55 Las limpiezas anuales de armarios son imprescindibles

Tu armario debería ser una fuente de felicidad e inspiración, ya que es el lugar al que acudes cada mañana para prepararte para empezar el día. Yo doy una gran importancia al hecho de tener un armario lleno sólo de complementos que me encantan y ropa que me va bien y que pueda combinar, de colores, cortes y estilos que me gusten para cualquier momento.

Lamentablemente, para la mayoría ésta es una situación ideal. Muchos llenan sus armarios de ropa que no les gusta y que raramente se ponen, y algunas piezas que no les están bien. Es un problema que muchos padecemos. Me ha llevado 35 años lograr un armario adecuado.

Me di cuenta de la cantidad de cosas que colgaban de mi armario cuando tuve que cambiar de casa. Me iba de Hong Kong para volver a casa, a Malasia, y los embaladores habían venido a ayudar a empaquetar mis pertenencias. Tan sólo mi ropa llenaba medio contenedor. Miré consternada los vestidos que había olvidado, trajes que hacía tiempo que creía que había tirado, y montones de accesorios, bufandas, cinturones y zapatos. Fue entonces cuando descubrí que yo también era una hormiga acumuladora, que me aferraba a las cosas que había descartado con desdén como moda de la temporada pasada, ya que, en vez de tirarla, simplemente la había puesto en el fondo del armario y de la cómoda.

Compra pocas prendas que te sienten bien de verdad en vez de montañas de prendas compradas «por si acaso» y que nunca vas a ponerte.

La norma 80-20

Desde entonces me obligué a hacer una limpieza general anual en mis armarios: me deshago de aproximadamente el 20% de mi guardarropa –ropa, zapatos, bolsos y accesorios– para dejar espacio a las cosas nuevas. Ahora soy más prudente cuando voy de compras. Sólo compro ropa y accesorios que me gustan de verdad, de colores que estoy segura que llevaré, en tallas que seguro que me irán bien el año que viene y con unos cortes que me hagan sentir a gusto. Deliberadamente, compro la mitad de la ropa que creo que necesito. Y nunca compro nada por duplicado, por mucho que me guste una pieza. Ahora el espacio de mi armario es mucho más pequeño, y por eso resulta más fácil mantenerlo bien organizado.

Trata los dormitorios como espacios sagrados 56

Mantén tu dormitorio libre de trastos para poder disfrutar de un sueño tranquilo y apacible. Trata esta zona como si fuera un espacio sagrado, ya que es allí donde pasas todo tu tiempo de descanso y subconsciente. Es donde dejas el mundo consciente y te adentras en otra dimensión. Aquí es donde sueñas tus sueños y te dejas llevar. Aquí es donde descansas, protegido del mundo. Así que mantén este espacio como algo sagrado y especial.

Mantén la energía de tu dormitorio a salvo de la energía negativa, perjudicial, añeja u hostil; tira todo aquello que hace que la energía se eche a perder. Para eso, coloca sólo cosas que te gusten mucho, cosas que te hagan sentir mimado y bello.

Mantén tu dormitorio iluminado, sin trastos y cómodo.

Consejos prácticos

1. No guardes la ropa en los estantes más elevados de tu habitación. Es una mala idea porque crea pesadez sobre el nivel de descanso. Guarda tu ropa de invierno y todas tus maletas en otra habitación.

2. Guarda todo el equipo para hacer ejercicio, bicicletas y espejos de pared fuera de la habitación. Tu lugar de descanso no es tu gimnasio.

3. Asegúrate de que todos los trastos relacionados con el trabajo se mantienen fuera de la habitación. No pongas una mesa de estudio; de esta manera eliminarás el peligro de acumular los trastos del trabajo en el dormitorio. Coloca los ordenadores

y los teléfonos fuera del dormitorio. Deja que los niños tengan una habitación especial de estudio en vez de poner un escritorio en su dormitorio. Si no tienes tantas habitaciones en casa, intenta colocar el escritorio un poco apartado de la cama para que los trastos acumulados sobre la mesa no afecten al niño a la hora de dormir.

4. Guarda toda la ropa sucia dentro de una cesta para ese fin. No hay nada más yin que la ropa sucia y la energía impregna cualquier habitación muy rápidamente.

5. No coloques trastos debajo de la cama, encima o al lado. Mantén las camas siempre limpias.

6. Mantén las puertas despejadas de trastos para que puedan abrirse y cerrarse sin problemas.

7. Nunca cuelgues obras de arte cuestionables en las paredes de tu habitación. Consulta la sección sobre arte para asegurarte de que nunca pones una obra que pueda traerte mala suerte.

8. Mantén las ventanas despejadas de trastos. Las cortinas pueden estar abiertas o cerradas durante la noche, pero es recomendable dejar que la luz entre cuando brille el sol. No hay nada que proporcione una mejor energía yang que el sol de la mañana.

57 Deshazte de los trastos de los cuartos trasteros, desvanes y sótanos

Quitar los trastos se convierte en un ejercicio completo cuando sistemáticamente desechas los trastos que guardas en algún lugar del trastero, del desván o del sótano.

Cuatro tipos de objetos que deben tirarse

Encontrarás muchas cosas que deben tirarse en estas zonas de la casa de almacenaje natural. A continuación se describen cuatro zonas por las que empezar, así que sintoniza tu mente con la tarea de deshacerte de los trastos y ponte en marcha.

Las colecciones de trastos van de lo sublime a lo ridículo –abanicos, patos de plástico, libritos de cerillas, monos de juguete, estatuas ecuestres, ranas de cerámica, sellos y piedras. Casi todos los tipos de colecciones que te puedas imaginar han sido ya hechas por otros en algún otro lugar del mundo. Si tienes una colección que ya no está expuesta en tu salón y que ha sido relegada al desván o sótano, has avanzado algo. Estos objetos ya no significan demasiado para ti así que, ¿por qué

Si está roto y no es coleccionable, es basura.

no los arreglas para que otra persona pueda disfrutar de ellos? Guardados en los cuartos trasteros, su energía sólo se estanca.

Los libros y las revistas hacen que la energía se vuelva añeja, ya que representan información fechada, así que deshazte de ellos inmediatamente.

Las fotografías son un tercer tipo de trastos. Dedica un poco de tiempo a revisarlas. Tira las que no te evoquen recuerdos agradables y deshazte definitivamente de las que te recuerden emociones negativas. Guarda sólo las fotos que te dibujan una sonrisa en la cara y no lágrimas en los ojos. A continuación, vuélvelas a colocar en su sitio. Dales nueva energía fresca para que se conviertan en una fuente de fuerza y de amor para ti. Las fotografías son una parte muy importante de la familia. Transforma aquellas que guardas en objetos genuinamente valiosos.

Equipos rotos. Todo lo que guardes en el sótano que esté roto o que se haya descartado debe tirarse. Deshazte de equipos estéreo, televisores, viejos ordenadores, máquinas para hacer ejercicio, secadores de pelo, cortadoras de césped, piezas viejas del coche, además de todas las cajas, botellas y otros contenedores que no te hacen ninguna falta.

Es imposible hacer una lista de todo lo que se debería desechar en los cuartos trasteros. Todos conservamos cosas, como por ejemplo algunos regalos, que no nos gustan y cosas que ya no funcionan, porque nos provocan sentimientos erróneos de culpabilidad o porque nos quedamos con la esperanza de repararlos en algún momento. Pero, créeme, si no te gustan hoy, o no los necesitas hoy, lo más probable es que no te gusten ni los necesites nunca.

Pasa página

La colección de revistas del National Geographic de mi padre, cuidadosamente encuadernadas a través de los años, ahogó la energía de mi madre mucho tiempo después de que él muriera. Cada vez que las miraba en las estanterías, la hacían sentirse tan arrepentida que la única solución fue ayudarla a deshacerse de ellas. Hasta que no me deshice de ellas no se recuperó de la espiral depresiva en la que estaba inmersa y recobró la vitalidad.

Mantén las carteras y los bolsos limpios 58

El proceso de deshacerse de las cosas que no queremos en nuestra vida para aumentar el espacio a nuestro alrededor no está completo hasta que también limpiamos la basura que reside en forma del montón de cosas que tenemos en el bolso y en la cartera. El bolso de las mujeres es el almacén de basura supremo: recibos, justificantes de tarjetas de crédito, papeles, tarjetas comerciales, llaves, barras de labios viejas, libretas, bolígrafos, lápices, y montones de objetos de interés personal como cartas y fotos. Tan sólo en una semana, un bolso puede hincharse con una impresionante colección de trastos surtidos.

Es una idea excelente vaciar tu bolso una vez a la semana para deshacerte de la basura que no quieras. Yo lo hago continuamente y nunca dejo de sorprenderme de la cantidad de cosas que llevo dentro y que no necesito. En los últimos años he empezado a necesitar bolsos más grandes. Ni los teléfonos móviles ni las agendas electrónicas han conseguido que organizarse la

vida sea una cosa más fácil en nuestra era de la alta tecnología. Para muchos, las *palm pilots* no han destituido a las agendas ni al diario. Todavía necesitamos todos esos sistemas de ayuda personal para que nos recuerden nuestro día a día.

Por todo esto, debes limpiar tu bolso regularmente. Deshazte del dinero sucio y no dejes que la cantidad de monedas que llevas sea muy pesada.

Para atraer la riqueza, mantén tu cartera o monedero vacío de viejos billetes, notas y basura en general.

Una cartera roja para la prosperidad

Una cartera limpia es algo muy bueno. El mejor color para una cartera es el rojo brillante, que la mantiene energizada todo el tiempo con chi yang. Coloca tres monedas atadas entre sí con una cuerda o un lazo rojo en su interior para atraer el dinero, y nunca dejes que tu cartera se manche con dinero sucio. Si puedes, guarda un billete de un dólar que proceda del bolsillo de una persona rica. Eso creará energía de la riqueza para ti.

Vacía tu ordenador de archivos no deseados 59

El hecho de vaciar tu mente y tu espacio también debe aplicarse a tu ordenador, que hoy por hoy guarda una cantidad enorme de nuestra basura.

Crea el hábito de vaciar regularmente tu ordenador. Es mejor para el funcionamiento del ordenador y lo mantiene en buenas condiciones. Verás que no te supone un gran esfuerzo tirar el 90% de tus mensajes electrónicos, por ejemplo, porque al fin y al cabo, muchos de ellos son basura. Pero asegúrate de que te deshaces de los viejos mensajes y no sólo los echas a la papelera del ordenador.

Es como si llenaras el sótano o el desván de tu casa hasta que lo limpies de todos los restos no deseados.

Una vez al mes, dedica una hora, más o menos, a borrar decididamente todas tus fotos, archivos, memorias y correos electrónicos no deseados. Verás que no sólo es bueno para tu ordenador, sino que tú también te sentirás mejor, ya que borras simbólicamente la información no deseada y liberas tu espacio cerebral. No olvides que hacer esto extiende los principios de limpieza de los trastos a las herramientas del siglo XXI.

60   Mantén tu mesa de trabajo ordenada

Tu mesa de trabajo debería estar razonablemente vacía. Si el tuyo es un estilo de trabajo que requiere montones de archivos y papeles sobre la mesa, entonces asegúrate de que la montaña de documentos y papeles no está colocada justo enfrente de ti, tapando tu vista. Eso sólo provocará que tu perspectiva del trabajo se bloquee. Tampoco debes colocar montones directamente detrás de ti, ya que representa que siempre te sientes abrumado por el trabajo. En lugar de eso, guarda los archivos y los papeles a tu izquierda para estimular el chi del dragón.

Los cajones de la mesa también suelen atascarse con una gran variedad de cosas que empleamos en la oficina a diario. No dejes que esas cosas ahoguen tu carrera. Una mesa congestionada creará atascos en tu vida laboral. Por eso debes mantener el chi en movimiento, especialmente en tu mesa. No dejes que nada se estanque. Si tienes flores frescas en tu mesa, por ejemplo, cámbiales el agua a diario y tira las que se estén marchitando, ya que no hay nada más nocivo para tu vida laboral que las flores moribundas.

Reduce los objetos decorativos a un mínimo. Debes tener un número prudente de fotos enmarcadas, cristales, lápices, potenciadores del feng shui, etcétera. Si amenazan con sobrepasar la superficie de la mesa, no hay espacio vacío para que entren las nuevas oportunidades.

Puedes mantener tu mesa despejada, pero ten en cuenta las estanterías. Sus cantos crean «flechas envenenadas», un tipo de chi negativo.

Mantén los libros, agendas y archivos a la izquierda de tu silla para activar el chi energético del dragón.

Las mujeres deberían guardar las cosas importantes en el cajón de la izquierda.

Los hombres deberían guardar las cosas importantes en el cajón de la derecha.

Desarrolla la concentración para detectar el chi negativo 61

Si realmente te esfuerzas, poco a poco irás desarrollando la habilidad de detectar la energía negativa. Esa habilidad aparece primero como un sentimiento de inquietud objetiva, que poco a poco se expande en una comprensión más amplia. Con relativa rapidez serás capaz de diferenciar los diferentes tipos de negatividad y captar si es hostil, letárgica o enferma.

La clave para desarrollar tu comprensión de la energía está determinada por tu capacidad de concentración. La concentración crea un estado de alerta hacia otros reinos de conciencia y dimensiones paralelas de existencia. Pero concentrarse, incluso durante unos pocos minutos, es difícil, a menos que uno también genere un fuerte deseo por dominar la mente y rechazar las distracciones.

La energía negativa es más fácil de detectar que la positiva, ya que la energía negativa hace que las emociones y los recuerdos negativos afloren a la superficie. La energía negativa casi siempre engendra sentimientos de descontento e insatisfacción. La influencia de la energía de nuestro entorno en la manera en que actuamos

Si en un primer momento te cuesta mucho concentrarte, intenta mirar fijamente la luz de una vela y concentrarte en su movimiento. De esta manera aumentarás tu receptividad. Apaga la llama y, acto seguido, intenta realizar el ejercicio que te describimos más abajo.

y reaccionamos con la gente es muy poderosa; por eso, al transformar sistemáticamente la energía negativa de tu espacio vital en energía positiva, alivias muchos de tus males y aligeras esa carga que no te deja ser feliz.

Cómo puedes sintonizar con tu entorno

1. Empieza por cerrar los ojos e imagina que dejas fuera las distracciones visuales. Concéntrate en la energía invisible de tu entorno. Cuando los pensamientos intenten penetrar, empújalos suavemente fuera de tu mente, o deja que se dispersen como nubes sin concentrarte en ellos.

2. Deja que el área más receptiva y subconsciente de tu mente sienta las sutiles variaciones de energía del espacio, de las cuales tu mente todavía no es consciente. Deja que se filtren poco a poco en tu mente consciente desde tu subconsciente mientras estás en un estado de concentración profunda.

3. Notarás estos sutiles cambios de energía, inicialmente, a través de la manera en que cambia tu humor. ¿Te sientes irritable, impaciente, enfadado, deprimido o sumido en un estado de tranquilidad y calma? Nota el tipo de humor que tu entorno inspira en ti. Siente la energía del espacio.

4. Abre los ojos y construye una nota mental de tus sentimientos durante tu proceso de sintonización. Escríbelos en un diario, pon fecha a tu entrada, ya que será un punto de referencia a medida que vayas poniendo en práctica la limpieza de la casa y la energía de tu espacio se transforme.

62 Contrarresta la energía negativa con chi nuevo

La energía negativa se contrarresta mejor con la aportación de nueva energía en un espacio de vida. La nueva energía es joven, fresca y tiene una gran vitalidad; reabastece cualquier casa, al mismo tiempo que mantiene el chi de su interior robusto y en crecimiento.

Introducir nuevo chi

Los maestros taoístas chinos siempre recalcan que la relación del yin y el yang debe calcularse según su fuerza y vigor. Es importante sentir si la energía yang es joven o vieja para que podamos diferenciar entre el yang fuerte o el yang disipado. La energía yang añeja está agotada y se volverá yin a menos que sea revigorizada y reenergizada.

Cambia de sitio tus muebles al menos una vez al año para que el chi pueda continuar moviéndose. Yo lo hago dos semanas antes del

Año Nuevo lunar (a principios de febrero); pero tú puedes hacerlo antes del Año Nuevo occidental o durante las vacaciones navideñas. Es sorprendente la cantidad de fuerza que siento fluir en mi cuerpo cada enero, cuando empiezo este ejercicio de reenergización profunda de la casa. Además de limpiar cada esquina, celebra los rituales y ceremonias de limpieza que más te gusten, porque generan cambios positivos de las fuerzas intangibles, que aumentan la energía de tu casa.

Remodela y redecora tu casa cada tres o cuatro años. A veces es suficiente con limpiar y volver a pintar las paredes. Otras veces, se pueden poner en práctica renovaciones más grandes, de acuerdo con las estrellas voladoras cambiantes (*véanse los consejos 11-14*). Estas renovaciones pueden consistir en colocar un dispositivo que contenga agua en una esquina determinada, cambiar una puerta por una ventana o ampliar una habitación porque el chi favorable la está visitando. Las casas siempre agradecen una renovación feng shui bien planificada. Haz que una ráfaga de nuevo chi entre en casa para provocar el efecto yang más revitalizante.

La luz y el color bañan una casa con energía nueva y renovada. Presta atención a las ventanas, ya que a través de ellas también entra energía yang, que da vitalidad a tu espacio de vida.

Energía contenida y encerrada 63

La energía negativa puede estar reprimida cuando está atrapada dentro de las casas y las oficinas. Son edificios cuyas ventanas y puertas raramente están abiertas para dejar entrar el aire.

En los trópicos, donde las temperaturas son tan elevadas que las casas, los coches y las oficinas vienen equipados con aire acondicionado, algunas personas nunca respiran aire fresco. Con el tiempo, aquellos que no siguen una dieta regular de ejercicio, enferman de tanto respirar aire estancado un día tras otro. La gente que vive en estas condiciones necesita urgentemente renovar su chi.

Respirar el chi yang es un lujo para la gente de la ciudad

En los países templados, el intenso frío de los meses de invierno hace que las casas estén cerradas con llave, pero el resultado es el mismo. El chi que se encuentra en el interior de esas casas está reciclado y por eso estos lugares reclaman nueva energía. Es un problema que afecta a la población de la ciudad, el resultado del cual es una amplia gama de nuevas enfermedades y males que han sido descubiertos en los últimos cincuenta años, causados por el hecho de que vivimos en espacios demasiado yin.

Sintoniza con el chi de tu vivienda o de tu puesto de trabajo. Ten en cuenta si ha habido demasiado reciclaje de aire estancado en su interior. Intenta abrir puertas y ventanas, y sentir el instantáneo cambio de energía. El simple hecho de abrir las puertas y ventanas de la casa, inspirar el aire y el viento del exte-

Las ventanas grandes hacen que la energía yang entre en la casa, pero ésta se ve sofocada por el yin de la alfombra de pelo tupido que, cuando las ventanas están cerradas, crea un entorno claustrofóbico.

rior, tiene un fabuloso efecto revitalizador sobre ella. Haz el esfuerzo de revitalizar los espacios cerrados como éste al menos una vez al mes, o incluso más a menudo. Observarás que necesitas tener al menos dos aperturas (puertas o ventanas) para crear un flujo de chi en una zona. Con sólo mantener una puerta abierta no conseguirás atraer el chi del exterior. Debes facilitar este flujo de energía y a continuación podrás sentir cómo el suave viento y la brisa dan un nuevo soplo de vida a tu espacio vital.

Pon esto en práctica por la mañana, antes de que el entorno se contamine.

64 Elimina el chi procedente de los vecinos

Mucha gente padece los efectos del chi negativo procedente de la casa vecina o de enfrente. Cuando tienes unos vecinos agradables y amables, la energía procedente de ellos hacia ti es positiva y reafirmante, pero cuando son antipáticos, la energía es negativa. Eso puede ser muy perjudicial para la gente que vive en la ciudad. Cuando los vecinos te envían chi negativo con regularidad, por norma general sucumbes a sus efectos a menos que estés en sintonía con él, te des cuenta de qué es y hagas algo para desviarlo o disolverlo.

Qué hacer con el chi hostil

El chi hostil procedente de los vecinos puede ser el chi relativamente inocuo del chismorreo frívolo y de la envidia de miras estrechas o, a veces, puede que solamente sea tedioso. Por ejemplo, puede que tu vecino tenga una casa llena de niños gritones que te molestan a la hora de descansar, rompen tus cosas y te fastidian con sus ruidosas travesuras. Arreglar eso es fácil. Tan sólo debes colocar un gran recipiente con agua que tenga la boca ancha y la base estrecha en el espacio que te separa de ellos.

El remedio del espejo Si la energía que te mandan es amarga o con odio, o algo todavía más siniestro, puede que tengas que contrarres-

El agua en calma es agua yin. Si tienes unos vecinos ruidosos, coloca un gran recipiente lleno de agua cerca de la pared o de la valla contigua para que absorba los sonidos.

tarla con medidas más drásticas. Existen muchos métodos diferentes para protegerte. Durante siglos, los chinos han usado un espejo circular rodeado por trigramas (una serie de combinaciones de tres líneas) dispuestos como el símbolo Yin Pa Kua. Realmente es un remedio muy potente y peligroso, porque hace rebotar la mala energía y la magnifica por mil. De todos modos, en vez de ese tipo de espejo, puedes usar un espejo redondo de unos 30 cm de diámetro. Si hay trastos cerca de la pared o de la valla que compartes con los vecinos, quítalos de inmediato. Cuando despejas el conducto de chi que fluye entre tú y tus vecinos, y decoras la pared divisoria o la valla con imágenes agradables como pájaros o corazones, se produce un gran cambio. La animadversión puede transformarse en amistad.

El remedio de la campana

Colgar campanas a lo largo de la división que existe entre tú y tus vecinos puede dispersar de una manera efectiva la energía negativa que te llega. El único problema de utilizar campanas es que pueden magnificar el chi de la pelea, que puede existir sin que te des cuenta. Además, cuando los aspectos de la estrella voladora de la pelea están presentes, utilizar las campanillas puede empeorar las cosas. Por todo esto, prefiero utilizar el remedio del espejo, complementado con un gran recipiente de agua estancada.

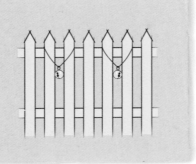

Líbrate de los restos de chi de los inquilinos anteriores

65

Otro tipo de energía negativa es la que dejan los anteriores ocupantes de la casa. Antes de firmar el contrato de cualquier vivienda, independientemente de lo provisional que sea tu estancia en ella, pregunta la historia de los que vivieron anteriormente allí.

El chi y las enfermedades

El chi negativo está presente en los hogares que anteriormente han estado ocupados por gente que ha sufrido enfermedades, sobre todo si han padecido alguna enfermedad de tipo terminal o mental, ya que estas enfermedades suelen generar un chi muy contagioso. Las paredes, suelos y techos retienen restos de actitudes, de infelicidad y de dolor que deberían eliminarse para permitir que entre nueva energía que disuelva y debilite la vieja.

El chi y la ira

Puede que los ocupantes anteriores de la casa,

cuyas vidas fueron consumidas por la ira, la amargura y la violencia también dejaran chi negativo de tipo airado y agresivo. Son emociones fuertes que se pegan inadvertidamente a las paredes y a los techos de la casa. A veces están tan pegados que no importa lo mucho que limpies y pintes: no se marchan. Éste es el caso de las casas que han permanecido cerradas durante la mayor parte del tiempo, sobre todo si sus cortinas son pesadas y las paredes están pintadas de colores oscuros. El chi yin captura y guarda el espíritu de ira e infelicidad eficazmente.

Cuando el chi negativo se ha filtrado en el espíritu de la casa de esta manera, debe ser liberado. Liberarlo no es difícil. Se pueden limpiar los espacios de los restos de energía, a pesar de lo fuerte que ésta pueda ser.

Existen potentes técnicas o remedios de purificación del espacio que cualquiera puede utilizar para deshacerse de las energías viejas y negativas. En ellos se usan objetos metálicos, como campanillas, platillos y cuencos tibetanos. Estos complementos purificadores del espacio pueden ser muy eficaces a la hora de dispersar la energía negativa, sobre todo cuando están hechos de siete tipos de metal, que representan los siete chakras del cuerpo humano. Busca estas herramientas del feng shui de limpieza espacial y aprende diferentes métodos de tocarlos para que sus sonidos absorban todo lo negativo. La armonía del metal y la madera, y del metal sobre el metal, es lo que los hace tan poderosos.

Cuando busques una casa nueva, ten en cuenta los signos de abandono, como por ejemplo la pintura que se desprende. La historia de una casa nunca debe persuadirte de quedártela, pero debes estar preparado para llevar a cabo rituales de purificación del espacio que permitan dispersar la vieja energía negativa.

66 Remedios para la gente que vive cerca de un cementerio

Si tu casa o edificio de pisos está ubicado cerca de un cementerio, es una buena idea limpiar tu casa regularmente con incienso. Este ritual también sirve como gesto de ofrenda para los espíritus que deambulan cerca de tu casa, asegurando que no provoquen desequilibrios en su campo energético. Las casas situadas cerca de cementerios son vulnerables a lo que se conoce con el nombre de formación de espíritus yin, un mal que a menudo causa enfermedades a los niños o a aquellos cuyo diagnóstico astrológico es bajo y débil.

Los chinos son especialmente sensibles a este tipo de aflicción y a menudo la combaten realizando una limpieza con la energía del fuego, en la que utilizan incienso y humo. Se cree que el humo del sagrado incienso aromático colocado sobre el carbón encendido mantiene los espíritus yin alejados de la casa.

Esparcir en el sentido de las agujas del reloj el humo del incienso en las habitaciones mientras quema en un platillo ayuda a eliminar el chi que hace que los ocupantes de la casa enfermen. Repítelo tres veces. Si conoces algún mantra sagrado, recítalo al mismo tiempo que recorres las habitaciones.

Otra cosa que atrae la energía yang es la luz de las velas. Pasa tres velas encendidas (las rojas son las mejores) por la puerta principal de la casa tres veces, en el sentido de las agujas del reloj. Coloca las velas encima de tu cabeza tres veces y, a continuación, cerca del fondo de la entrada tres veces.

Si tu casa está puerta con puerta con un cementerio, pintar la pared contigua de rojo es una buena manera de equilibrar la energía en tu casa.

67 Remedios para la gente que vive cerca de un hospital

El humo del incienso absorbe el chi yin asociado con las enfermedades.

Si vives cerca de un hospital, estás muy próximo a los espíritus yin, porque los hospitales son los lugares donde el chi yin de los enfermos se acumula y no resulta sano porque absorbe la vitalidad de tu casa. Se cree que incluso los edificios de pisos ubicados en el suelo donde anteriormente había un hospital están afectados por los restos de energía. Conozco algunos malasios bastante adinerados y dos millonarios de Hong Kong que compraron unos apartamentos despampanantes en la zona de Kensington. El suelo donde estaba construido todo el complejo había sido un hospital. Sin ninguna excepción, los compradores sufrieron contratiempos muy graves al cabo de un año de haberse mudado: perdieron inversiones comerciales y estuvieron gravemente enfermos.

La energía del fuego, en forma de humo de incienso, absorbe el chi yin y lo disipa, y por eso es una manera muy efectiva de equilibrar el yin que emana de los hospitales o del suelo donde estaban ubicados; de las estaciones de policía, mataderos y otros lugares donde la muerte, las enfermedades y la energía de los moribundos están presentes. Muchos chinos que siguen rituales de limpieza espacial, purifican sus casas con humo de incienso cada viernes por la tarde, justo después de la puesta de sol. Una solución es mantener tu casa bien iluminada. Pintar la pared que da a la fuente de energía yin de rojo intenso es también un remedio eficaz.

Protégete de los edificios intimidantes 68

La energía negativa también puede provenir de los edificios excesivamente altos que dan directamente a la fachada principal de tu casa. En ese caso, el poder puro de la fuerza vital del edificio inunda la vitalidad de tu casa. El efecto es similar a estar justo delante de una montaña. Antiguamente, vivir delante de una gran montaña que estuviera a menos de un li de distancia (aproximadamente un kilómetro) se conocía como «hacer frente a la montaña», algo que ningún hombre en su sano juicio se atrevería a poner en práctica. En los paisajes urbanos, la energía de los edificios es similar a la de las montañas, aunque la energía de los edificios es mínima en comparación a la de las montañas. Los edificios son jóvenes, normalmente tienen menos de 50 años, mientras que las montañas contienen el chi acumulado durante miles de años.

Remedios prácticos

Aunque el efecto tangible de estar delante de un edificio es similar a estar delante de una montaña, es más fácil superar el chi negativo intangible que emana de un edificio. En el feng shui, a menudo se recomienda utilizar remedios con espejos para este propósito, pero también es posible sacar provecho de la energía del edificio en vez de luchar contra ella. Si puedes,

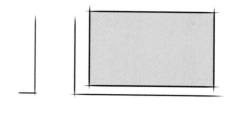

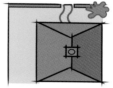

Si tu casa está oprimida por un gran edificio, utiliza los árboles y un camino sinuoso para reducir la sensación de desequilibrio energético.

Si tu casa queda a la sombra de un edificio más grande e intimidante, difunde la energía que llega a tu casa a través de aberturas decorativas en la pared.

cambia la dirección de la fachada principal de tu casa, para que el edificio se convierta en la protección de su parte trasera. Si no es posible, entonces construye una pared robusta enfrente del edificio y cuelga una tira de campanillas de viento, campanas (*véase el consejo 64*) y cualquier otro objeto hecho de metal. Eso reduce y ralentiza el chi proveniente del otro lado de la calle hacia tu casa. Haz también algunas aperturas en la pared para que el chi que viene del otro lado de la calle vaya frenando y luego se filtre en tu casa en pequeñas dosis.

Las campanillas de viento y las campanas son excelentes para controlar la energía de las montañas, y también son muy eficaces para superar cualquier chi negativo que pueda proceder del otro lado de la calle. No te sientas intimidado a la hora de proteger y cuidar la energía de tu casa. En caso de duda, es mejor adoptar una postura de sumisión que de confrontación. Esta actitud es realmente excelente y útil a la hora de practicar el feng shui.

69 Utiliza el chi del metal cuando tu familia enferme

Las enfermedades que se viven en la casa a menudo están provocadas por fuerzas intangibles causadas por lo que en feng shui se conoce como las «Estrellas de la enfermedad». Suelen afectar a los niños menores de 12 años y también a los mayores de la casa, porque tienden a ser más débiles, y por eso más vulnerables y sensibles a los cambios energéticos. Cuando los miembros de la familia enferman, el mejor remedio es el remedio del metal. Su sonido es especialmente eficaz.

Éste es el motivo por el que los maravillosos cuencos tibetanos de Katmandú son tan valiosos. Hechos de siete tipos diferentes de metal,

Limpieza con un cuenco tibetano

Camina alrededor de la habitación tres veces en el sentido de las agujas del reloj, golpeando el cuenco tibetano o frotando sus bordes con una maza de madera. Eso hará que el cuenco emita sonidos y, mediante éstos, cree una fuerza vibratoria que limpia el aire del chi enfermizo. Si te resulta difícil hacer que el cuenco emita sonidos, golpéalo de vez en cuando y deja que los sonidos emitidos se alarguen. Sigue creando el sonido del metal y, en unos minutos, sentirás cómo la habitación se va avivando e iluminando.

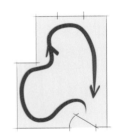

estos cuencos sonoros, cuando están fabricados correctamente, resuenan y producen armonías increíblemente eficaces para absorber todo el «chi de las enfermedades» de la casa. El uso de los cuencos tibetanos es algo que se tiene que practicar y a lo que uno se tiene que acostumbrar. La mejor manera de empezar es comprar un cuenco realmente bueno. Compra uno pequeño, ya que el sonido de los cuencos más pequeños suele ser más agudo y de una octava más alta. Aun así, algunas personas prefieren los sonidos más graves de los cuencos más grandes. Es una elección libre, ya que ambos son eficaces por igual a la hora de disolver el chi de la enfermedad.

Para purificar mi casa, uso tanto los cuencos tibetanos de siete metales como los cuencos de cristal de cuarzo procedentes de Alemania. Creo que son excelentes para detener y contener la expansión de la enfermedad entre los habitantes de la casa. Si prefieres usar campanas, las mejores son las que están hechas de siete metales. Lo más eficaz sería una campana con un badajo de metal que golpeara la estructura de siete metales.

Cuencos tibetanos curativos

A medida que vayas purificando tu casa, asegúrate de que pasas por las habitaciones de los enfermos. Intenta vaciar esas habitaciones tanto como puedas. Una de las causas de las enfermedades es dormir en una habitación que esté plagada de energía de la enfermedad que emana de la ropa, el entorno y los trastos.

Utiliza el cuenco tibetano para purificar la energía de la habitación donde alguien que ha estado muy enfermo está convaleciente. Este ritual ayuda a aliviar el dolor de alguien que está sufriendo males físicos. Es importante hacer esto durante el período de convalecencia.

Qué debes hacer cuando pierdes a un ser querido 70

Si alguien ha fallecido, debes limpiar la habitación que ocupaba esa persona antes y durante el tiempo que duró su agonía. Puedes reforzar el proceso de limpieza con el sonido de uno o de varios cuencos tibetanos.

Cuando una muerte en el hogar ha sido provocada por la enfermedad o un achaque, es una idea excelente enterrar o quemar algo de lo que perteneció a esa persona muerta con su cuerpo. De esa manera se entierra o disipa simbólicamente la enfermedad. Después de un funeral budista o chino, normalmente se realiza una limpieza del espacio que ocupó la persona muerta en vida como un ritual, y generalmente se invita a los monjes para que hagan ofrendas y plegarias especiales. Mis amigos taoístas me han contado que lo que limpia el aire y eleva el ambiente es el continuo toque de campanas y el choque de los platillos de vez en cuando.

También es bueno quemar un poco de incienso al mismo tiempo. Elige la fragancia con esmero. Utiliza sólo incienso de buena calidad. El poder limpiador del buen incienso es muy intenso. En caso de duda, utiliza incienso de sándalo.

Reúne pues tus herramientas:

- Utiliza las campanas para crear energía del metal.
- Utiliza el humo del incienso para crear energía del fuego.

Limpia la habitación que antes ocupaba la persona que ha muerto caminando por su interior tres veces con las campanas o los cuencos y, a continuación, tres veces con incienso. Recitar mantras mientras realizas la limpieza aumenta la potencia del ritual. El canto de los mantras y la repetición de plegarias para acompañar el trabajo de limpieza energética es algo personal, así que tú decides si quieres añadir o no estos elementos a tu ritual.

Tesoros de la otra vida

La costumbre de enterrar posesiones materiales con el cuerpo de la persona muerta es una parte muy importante de la tradición china. Se practica de una manera bastante elaborada en las familias adineradas, que a menudo colocan piezas determinadas de joyería, ropa y libros en el ataúd, junto al cadáver. Las familias chinas más ricas a menudo colocan jade en el ataúd, especialmente una cigarra de jade, ya que ayuda a que el ancestro muerto lleve a buen término su viaje al cielo.

Estas familias practican este ritual incluso cuando el difunto no ha muerto por enfermedad. Teniendo en cuenta los excesos del emperador que fue enterrado con un ejército entero de soldados de terracota, dándole a China sus famosos soldados esculpidos, es evidente que existe un acto simbólico en el hecho de dejar que las posesiones del difunto le acompañen al otro mundo. Es algo que encuentro fascinante, especialmente si tenemos en cuenta los vastos tesoros enterrados con los faraones y ministros del antiguo Egipto.

71 Limpia la energía de una casa después de una muerte

En las casas donde acaba de haber una muerte, es muy revigorizante finalizar el ritual de la «limpieza de la casa» con agua de sol. Después de la limpieza con campanas e incienso, continúa, en el séptimo día, con una limpieza a fondo de la casa usando agua de sol. El agua de sol es agua que ha sido expuesta al sol de la mañana durante al menos tres horas. A los chinos les gusta tener vasijas llenas de agua en el exterior para que el agua absorba la energía del sol, la luna, el aire y la lluvia. Hoy en día, que obtenemos el agua de los grifos, dejarla fuera durante un tiempo es una buena manera de evaporar los agentes químicos nocivos como el cloro. Así suavizamos el agua considerablemente y la volvemos realmente excelente para muchas cosas, una de las cuales es limpiar a fondo la casa.

Utiliza agua de sol

Al limpiar tu casa con agua de sol, debes asegurarte de que cubres todo el suelo de agua. Eso sólo debe tenerse en cuenta en la planta baja de las casas. El agua con el poder del sol se filtra en la base de la casa, revitalizándola y limpiándola de cualquier energía muerta que haya persistido. Si vives en un piso, no puedes realizar este ritual, ya que sería ineficaz. En ese caso, utiliza un trapo húmedo empapado y enjuagado con agua de sol para limpiar y revitalizar la energía.

En China, después de una muerte, siempre se realiza este tipo de limpieza simbólica para ayudar en su camino al alma que se ha ido. La casa que la persona ha dejado debería también ser infundida de energía vital yang para beneficiar a los vivos que todavía viven ahí. Los chinos y los budistas creen que, en el séptimo día después de morir, el alma de la persona que ha fallecido habrá dejado el edificio y se habrá ido a lo que se conoce con el nombre de estado de «Bardo», el estado entre la muerte y el renacimiento. En el día 49 después de la muerte, el alma habrá renacido o se habrá ido a la «Tierra Pura», que es como llaman los chinos al mundo de los cielos.

La luz natural del sol o el agua que ha sido energizada por el sol ayudan a limpiar la energía de un lugar después de una muerte.

El remedio sagrado del incienso   72

El uso de los rituales de purificación con incienso está muy extendido entre los habitantes de toda Asia. La idea es crear un humo espiritual ascendente que conecte directamente con la conciencia del aire que nos rodea. En muchos templos budistas y taoístas, quemar barritas de incienso crea una energía especial para el entorno del templo y se cree que purifica el aire de sus alrededores. Los devotos las queman a menudo tanto por su fragancia como para aumentar la energía ya generada.

Antes de empezar un ritual de purificación que use el humo y el incienso, tu mente debe estar en calma y debes tener una buena motivación. Abre las puertas y las ventanas para dejar entrar las nuevas brisas y el aire. A continuación prosigue con el ritual sagrado del humo, para el que se usa incienso aromático o barritas de aroma. Se pueden mejorar muchas circunstancias con una limpieza con humo aromático. Este ritual no es muy diferente al «sahumerio» que celebran los nativos americanos. La diferencia más importante es el tipo de incienso que se usa en cada caso y la dirección del movimiento por toda la casa. Existen algunas tradiciones que creen que moverse por una habitación en sentido contrario al de las agujas

Mi remedio personal con incienso

El método que uso es una versión del método chino, por la manera en que se desarrolló en Malasia, que me enseñaron cuando todavía era una adolescente. Se conoce como el método *nonya*, un método «malasianizado». Consiste en usar un pequeño recipiente circular con un asa. Coloco trozos de carbón ardiente en el recipiente y, a medida que voy caminando por las habitaciones de la casa en el sentido de las agujas del reloj, añado hojas secas aromáticas que emiten una fragancia maravillosa.

Utilizo hierbas de las grandes montañas y, a medida que voy pasando por cada habitación, también voy repitiendo algunos mantras en voz baja. A la tercera vuelta alrededor de la habitación, puedo sentir cómo la energía del espacio se vuelve más ligera y brillante. Más adelante, cuando descubrí otros ritos similares celebrados por los monjes budistas y taoístas, reconocí la esencia del ritual como algo muy similar a lo que yo hacía, así que añadí el repiqueteo de las campanas a mi ceremonia semanal del humo. Poco a poco también añadí el canto de algunos mantras complementarios que aprendí de los grandes lamas.

Desde entonces he descubierto que existen muchas variaciones maravillosas de los rituales sagrados con humo que se usan para limpiar la casa. Algunos son muy sencillos y otros más elaborados. Lo sencillo o elaborado del ritual depende de la persona que lo realiza. Todos los ingredientes que se necesitan para este ritual son fáciles de adquirir.

del reloj hace que se regrese a la fuente. Personalmente siempre uso el sentido de las agujas del reloj, porque simboliza el movimiento hacia delante.

Establécete un propósito

Lo más importante es concentrar la mente en el proceso de limpieza y la generación de la motivación del ritual, que es conservar la energía del espacio vital ligera y luminosa, manteniendo a raya las enfermedades y la mala suerte. Siempre debes celebrar la limpieza de! espacio para hacer de tu casa un lugar más auspicioso y limpio de «chi enfermizo», para que tu familia se beneficie de ello. Esta intención altruista hace que el proceso sea muy poderoso.

73 Usa siempre un buen incienso para conseguir una mejor purificación

El resultado de este tipo de purificación de tu vivienda mediante la quema de incienso es una calidez muy especial que crea vibraciones que invaden tu casa suavemente. Todos los presentes se vuelven más tolerantes, menos propensos a enfadarse y más complacientes. Esto es porque la purificación del espacio con el incienso sagrado realmente sirve para suavizar la energía y para que sea más sustentadora.

El uso del humo sagrado en rituales es algo con lo que están familiarizados los grupos nativos de muchos países. Los métodos actuales, las fechas en que se celebran y los tipos de incienso usados pueden diferir entre un lugar y otro, pero el principio general es el mismo, la creencia de que el humo sagrado aromático tiene el poder de limpiar y purificar. Sintoniza con el tipo de incienso que necesitas antes de empezar a limpiar tu

Un ritual del incienso para los viernes

Te recomiendo realizar este ritual cada viernes sobre las seis de la mañana o de la tarde. Dicen que es la hora más propicia para purificar los edificios con incienso.

Camina en el sentido de las agujas del reloj por los límites de cada habitación de tu casa con el humo del incienso y observa cómo llena la estancia. Deja las ventanas abiertas mientras caminas, para que el chi que creas se mezcle con el nuevo chi que entra en la casa desde el exterior.

Puedes dejar que el humo flote sobre la ropa de los armarios y en las habitaciones donde almacenas las cosas, los cuartos de baño y los aseos. Dedica un poco más de tiempo a purificar los dormitorios y los despachos. Y siempre lávate las manos antes y después del ritual.

El incienso es un potente purificador. Representa la energía limpiadora del fuego.

vivienda. Compra buen incienso. Para empezar, suelo recomendar sándalo, ya que emite un aroma magnífico que te ayuda a trascender la conciencia al cerrar los ojos y a apaciguarte para que puedas sentir sus vibraciones.

De todos modos, cada vez es más difícil (y caro) encontrar incienso de sándalo puro, así que, si tienes dificultades para encontrarlo, investiga qué tipos de incienso llegan actualmente de la India y Suramérica. La elección del incienso es una cuestión subjetiva. Las diferentes esencias afectan a las personas de diversas maneras. Si no sabes cuál usar, empieza con los aromas más suaves; elige inciensos probados que ya conozcas antes de experimentar con los más fuertes procedentes de Asia.

El ritual del incienso requiere carbón caliente, quemando, y un recipiente. El incienso usado para este propósito normalmente se vende en polvo o en forma de hojas secas. Se esparce sobre un medio candente (por ejemplo, un trozo de carbón) para que salga humo. También puedes usar los bloques de incienso que ya vienen preparados.

Unos purificadores potentes: las hierbas de las altas montañas 74

La purificación de los espacios mediante el uso de hierbas recogidas de las altas montañas es especialmente potente, ya que son unos agentes de purificación excelentes. Desprenden las fragancias más divinas y crean un chi muy puro. Descubrí por primera vez la potencia de las hierbas de las altas montañas cuando fui a Katmandú y encontré incienso de Lawado. Este incienso procede de la sagrada región de Solu Khumbu, en el Himalaya, a unos cuatro kilómetros sobre el nivel del mar, un lugar donde las plantas son escasas, por lo cual no abunda este tipo de incienso. Pero la mayor parte del incienso que se vende se mezcla con otros inciensos del valle de Katmandú, así que debes intentar encontrar incienso de las altas montañas donde el aire y la energía que contienen las hierbas y hojas son puros y poderosamente tonificantes. También existen otras hierbas excelentes muy conocidas entre los nativos americanos, que las usan en sus rituales de sahumerio. La salvia, la hierba de búfalo y unas ramas de pino especiales proporcionan un incienso con un olor particularmente dulce.

Las **varillas para** sahumerios están hechas tradicionalmente de salvia y hierba de búfalo.

Utiliza los aromas naturales para revitalizar la energía 75

Cuando trabajes la energía, descubrirás que los aromas iluminan y disuelven la energía negativa y hostil.

Escoger una fragancia u otra es una cuestión de preferencia personal, aunque algunas esencias tienen un efecto más potente que otras. El sándalo es conocido porque levanta el ánimo. Es también una esencia muy espiritual y su madera es venerada en lugares como China y la India, donde los objetos religiosos grabados en madera de sándalo son una industria en auge. Al quemar incienso de sándalo en tu vivienda, muy pronto experimentarás la esencia curativa de su fragancia. El sándalo absorbe toda la energía negativa que permanece en las superficies, en la ropa, las paredes y los suelos, e incluso en el aire. Es maravilloso completar cualquier ejercicio de limpieza general con su perfume, quemando varillas de incienso de sándalo.

Si estás enfermo, tienes la nariz tapada o has cogido la gripe, encender una barrita de incienso de sándalo te envolverá en un aura de energía curativa muy reconfortante.

La lavanda es también muy propicia para reducir la pesadez del aire, y dicen que ahuyenta el espíritu creativo de nuestra conciencia. Está especialmente indicada para los que practican la terapia meditativa.

Hoy en día, la aromaterapia se suele combinar con muchos rituales de feng shui. La liberación de aromas naturales en un espacio a través de la quema de incienso invoca campos de energía sutil, y son esos los que determinan la calidad del chi en cualquier espacio. Los aceites aromáticos tienen un poder curativo tremendo. Al incorporarlos en un poderoso ritual de purificación del espacio, puedes obtener grandes resultados.

76 Maneras de usar la sonoterapia para mejorar el chi

De acuerdo con los textos clásicos chinos, todos los elementos del Universo adoptan la forma de manifestaciones de dos energías opuestas pero complementarias: el yin y el yang.

Cuando los espacios energéticos se caracterizan por el yin, podemos deducir que se identifican con la calma de la muerte, lo estático y el no-crecimiento. Aun así, dentro del yin siempre hay una pizca de yang, que se puede avivar hasta conseguir una presencia sólida. Una manera de infundir energía yang en una habitación es a través de los sonidos. De esa manera, la energía de las casas cobra vida casi al instante. La sonoterapia utiliza de una manera poderosa la música, los ruidos de la gente, los niños, las campanillas, los animales, las campanas, los cuencos, y los tambores y platillos.

Cada tradición usa los sonidos vibrantes y rítmicos de diversos instrumentos para infundir el yang vital en los días especiales, las celebraciones o las ocasiones señaladas. En China, es tradicional usar sonidos para tales ocasiones, en forma del súbito estrépito de los petardos al

Yang y yin

El yang es el movimiento y la actividad, y el yin es la calma y la no-actividad

El yang son los sonidos y la música, mientras que el yin es el silencio

El yang es la vida y la luz del sol, en tanto que el yin es la muerte y la oscuridad

explotar durante el Año Nuevo o con el sonido de los tambores en las fiestas con leones para dar una bienvenida simbólica a la energía yang. Las campanas y los platillos también son muy usados para despertar el chi de los espacios. Por eso, cuando la gente rica se cambia de casa, celebra un ritual en el que siempre figuran el sonido de los tambores, las campanas y los platillos.

Utiliza la sonoterapia en casa

En casa, la sonoterapia puede usarse a menor escala, ya que la energía de la casa no tiene que ser tan poderosa. Las campanillas de viento son una excelente manera de captar los sonidos naturales del aire. Las campanillas pueden ser de metal o de bambú. Puedes utilizarlas de los dos tipos, de metal para las esquinas del oeste y el noroeste, y de bambú para las del este y sureste. Cuelga estos aumentadores de sonido en las esquinas de tu casa, pero también haz que entren los sonidos de la risa. El yang procedente de la gente feliz es muy poderoso, así que invita a tus amigos a pasar un buen rato juntos. Es mucho más beneficioso de lo que te imaginas.

Dónde debes colocar las campanillas de viento de madera

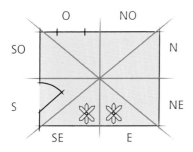

Dónde debes colocar las campanillas de viento de metal

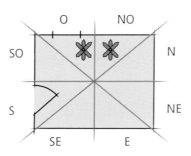

Ten en cuenta que estas esquinas están una enfrente de la otra y ocupan los lados opuestos de la brújula. Esto se debe a que los dos elementos que se quieren mejorar –en este caso, la madera, que atrae la prosperidad, y el metal, que aporta oro y éxitos– son los que están más relacionados con el éxito material.

Cómo contrarrestar los accidentes repetidos 77

La energía negativa de las casas a menudo causa una serie de accidentes no relacionados entre sí, pero que siguen un patrón apreciable; alguien que golpea tu coche, te das un golpe en la cabeza con una viga del techo o tropiezas y te caes. Cuando notes que te están pasando pequeñas cosas como éstas, puede que uno de estos tres elementos no esté bien sincronizado en tu casa.

Comprueba las estrellas voladoras

Puede ser que las estrellas voladoras anuales o mensuales hayan traído mala suerte a la puerta de tu casa o de tu habitación. Es una buena idea comprobarlo si puedes, antes de que te suceda algo más grave. Normalmente la entrada de las estrellas número 5 y 2 en la parte de la casa donde está situada la puerta principal, ya sea por separado o conjuntamente, trae todo un mes de mala suerte a menos que se coloque una campanilla de viento de seis barras. Así que, aunque no sepas nada sobre el feng shui de las estrellas voladoras, cuelga unas pequeñas campanillas de viento cerca de la puerta de entrada, y fíjate en si desaparecen los accidentes y las enfermedades.

Una entrada afligida

La entrada de tu casa también podría estar afectada por una cantidad excesiva de otro elemento que destruya el elemento de la entrada principal. (Este tipo de situaciones pueden darse también en tu dormitorio.) Necesitas saber qué parte de la casa está en el norte y qué parte en el sur, y orientar todas sus partes e identificar los elementos que corresponden a cada una. Entonces podrás saber si los elementos están en conflicto. Si lo están, retira el elemento ofensor. Por ejemplo, si de repente decides colocar un árbol en la esquina suroeste de la casa y tu puerta de entrada está situada allí, el chi de la puerta principal estará amenazado, así que quita el árbol.

Un móvil de viento de seis barras neutraliza la mala suerte que trae el feng shui del tiempo, o «estrellas voladoras».

Una entrada bloqueada

Otra posibilidad es que la entrada esté bloqueada por cajas o muebles nuevos. Esto puede causar una serie de infortunios a menos que se rectifique. No importa lo ocupado que estés, posponer la distribución de los muebles u objetos nuevos en la casa puede tener malas consecuencias.

78 Qué debes hacer cuando las relaciones no funcionan

Si las cosas te empiezan a ir mal respecto a tus relaciones con los demás, tanto laborales como sociales, puedes sospechar que algo en la energía de tu vivienda está teniendo un efecto negativo sobre la suerte en tus relaciones. Normalmente la causa reside en la energía afligida del suelo de la casa, que a su vez puede estar provocada por el simple paso del tiempo (podría representar la entrada de malas estrellas voladoras en tu habitación o cerca de tu puerta de entrada), o por la distribución de plantas en una parte equivocada de la casa. Las plantas representan la energía de la madera, y cuando sin darnos cuenta las colocamos en la parte de tierra (suroeste y noreste), causan problemas en nuestras interacciones sociales con los demás.

Los trastos y las esquinas sensibles

A veces, al limpiar la casa de trastos, puede que, inconscientemente, hayas guardado algunos objetos dentro de lo que yo llamo «cajas de reinserción». A continuación solemos colocarlas en habitaciones libres, dormitorios o quizás en las esquinas, hasta que llega el día que las llevamos a su lugar. Si tienes mala suerte, las cajas y

Si tus relaciones no son satisfactorias, comprueba los sectores suroeste y noreste de tu casa.

la basura pueden desencadenar efectos negativos sencillamente porque las has dejado en esquinas equivocadas que hacen que se manifiesten las aflicciones feng shui. Las zonas más vulnerables son las entradas principales y los dormitorios. Si de repente las cosas empiezan a ir mal, comprueba que el flujo del chi no esté bloqueado y que las plantas no estén colocadas en las esquinas equivocadas.

Si todo parece estar en orden, la causa podrían ser tus estrellas voladoras. En tal caso, debes colgar unas pequeñas campanillas de viento cerca de la puerta y observar si las cosas van a mejor. Si es así, estás en el camino correcto y al colgar otras campanillas reforzarás el remedio. Si las cosas van a peor, entonces sería buena idea que alguien te elaborase la carta natal de las estrellas voladoras de la casa. Al instante, tendrás un mapa de la suerte de la casa y te enseñará qué es lo que está mal.

Retirar las plantas para conseguir la felicidad

Para reforzar las relaciones, potencia el elemento de tierra y quita todas las plantas en el noreste y el suroeste de tu casa y de las habitaciones.

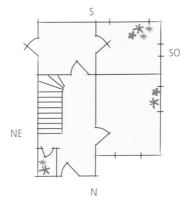

Cómo distender los enfrentamientos 79

Las peleas y las discusiones son otra manera en la que el feng shui afligido puede manifestarse. Cuando un marido o una mujer empiezan a discutir por ningún motivo aparente o lógico, el culpable es normalmente un dormitorio afligido. En el feng shui de las estrellas voladoras, existe un número de estrella provocador que pasa por las habitaciones; visita diferentes zonas de la casa tanto anual como mensualmente. Los chinos utilizan el almanaque chino para calcular estas aflicciones del feng shui y poner remedio a estas estrellas provocadoras. Normalmente el remedio más efectivo es colocar algo rojo y dorado en la habitación.

He descubierto que cuando mi familia pasa por una época en que todos discuten, se provocan, y se muestran hostiles y polémicos, es casi siempre debido a que la estrella provocadora ha entrado en el comedor o en la sala de estar. Por este motivo, he colocado algo rojo y dorado tanto en el comedor como en la sala de estar.

Los remedios pueden tomar la forma de cuadros u objetos beneficiosos especialmente fabricados con este fin. Si no sabes cómo comprobar si la estrella provocadora está presente, usa el remedio que he explicado antes cuando percibas una subida repentina de las tensiones familiares. Es mano de santo para calmarlas. También deberías reducir la cantidad de ruido en las habitaciones donde se reúne la familia, ya que el ruido hace estallar la estrella de la hostilidad en la carta natal de las estrellas voladoras.

Usa cristales para disolver las tensiones 80

Otra forma excelente de disolver las tensiones dentro de la casa es colocando seis bolas de cristal en las zonas familiares de la casa, sobretodo en las esquinas suroeste o noroeste. Dicen que las seis bolas de cristal estimulan la soltura en las relaciones, mientras que el número 6 representa el cielo. Las bolas de cristal simbolizan la unión del trigrama del cielo y del trigrama de la tierra, es decir, Chien y Kun. Los cristales son el símbolo más potente de la energía de tierra; son muy beneficiosos y unos maravillosos potenciadores. Aun así, debes asegurarte de que compras cristales, no plástico que parezca cristal. Los cristales naturales, a poder ser, son mejores que los fabricados por el hombre.

Una excelente manera de potenciar la energía es encender una luz sobre un cristal natural de una sola punta dentro o cerca del centro de tu casa. La luz activa el poder de la energía de la tierra que poseen los cristales y, como el centro de la casa está siempre ocupado por el elemento de tierra, todos los que vivan en la casa se beneficiarán de él. La tensión dentro de la casa empezará a remitir, y cualquier tendencia hacia la ira, la violencia y la hostilidad se reducirá considerablemente.

La limpieza de los cristales

Éste es un ritual de limpieza preliminar para celebrar el momento en el que lleves un cristal a tu casa por primera vez. Siempre has de limpiarlo de la energía de otras personas y para eso debes sumergirlo en una solución salina. Puedes utilizar tanto sal marina como sal mineral, o también puedes frotar la sal por toda la superficie del cristal. Imagina que la sal está eliminando toda la energía negativa y, a continuación, pasa un trapo húmedo por la piedra. Si el cristal es muy grande, puedes tenerlo en la solución salina durante siete días y siete noches. Una vez que el cristal esté limpio, el brillo constante de una luz sobre él mantendrá su chi fresco y vibrante.

81   El remedio del agua yin para disipar la ira

Cuando la ira continuada conduce a la violencia y a las peleas fuertes entre los miembros de una casa, es una muy buena idea comprar un jarrón para aplicar el remedio del agua yin. La palabra china para jarrón es *ping*, que quiere decir paz; en las casas chinas casi siempre se colocan bellos jarrones para crear una atmósfera de paz y de armonía. De todos modos, la potente magia de los jarrones sólo funciona cuando están llenos de agua y colocados en casas sin trastos. El agua es agua yin, que tiene el poder de absorber y diluir la ira.

Si las peleas y la ira son entre amantes y matrimonios, el agua puede tener más fuerza si se potencia con la luz de la luna. Coloca una vasija llena de agua en el jardín de tu casa o en el balcón de tu piso en una noche de luna llena. Deja que el agua absorba la energía de la luna y a continuación deja entrar el agua en tu casa. Viértela en hermosos jarrones; actuarán como poderosos guardianes de paz.

A veces, colgar un cuadro que represente una escena con un jarrón a la luz de la luna también estimula este remedio. Los maestros taoístas del feng shui demuestran su sabiduría a la hora de usar cuadros para crear tipos especiales de vibraciones del chi dentro de las casas, y me han hecho pasar muy buenos ratos fascinada por sus historias.

Una vez, un maestro taoísta del feng shui vino a nuestra oficina y, mirando una pintura de caballos que corrían, se paró y dijo: «Mira las caras de los caballos; están blancas de miedo. Este cuadro sugiere pánico. No puede ser nada bueno». Y, de hecho, tenía razón. Era un pequeño cuadro hecho por un artista insignificante, que yo había pasado por alto. Lo retiré inmediatamente.

Superar el sopor con las campanas   82

Si tu casa padece una energía letárgica, sus habitantes se sentirán, de la misma manera, letárgicos. En las casas así, se respira un aire de aburrimiento y monotonía que puede ser muy debilitante. Si te sientes así, lo más probable es que el chi de tu casa esté cansado. Las alfombras, cortinas y paredes se han ido debilitando a través del paso del tiempo.

El chi del hogar debe revitalizarse y renovarlo ayudará a conseguirlo. Las renovaciones, aunque sencillas, siempre mueven el chi y son buenas para los habitantes de la casa, ya que revitalizan el lugar de inmediato. Pero las renovaciones cuestan dinero y no todo el mundo puede permitírselas con cierta regularidad.

En esos casos, recomiendo el uso del sonido para despertar el chi. Las campanas son una herramienta muy útil para este fin. No limpian el espacio, pero mueven la energía dentro del mismo y el resultado es una infusión masiva de chi yang dentro de la casa. Utiliza campanas de metal, ya que el sonido del metal penetra en la tierra y vibra a través de las paredes.

En este caso, el sonido del metal sobre el metal es mejor que el de la madera sobre el metal. Compra una campana especial hecha con siete tipos de metales, entre ellos, el oro y la plata, que simbolizan el sol y la luna. Estas campanas emiten un sonido mucho más largo y duradero. Además, representan los siete principales planetas de nuestro sistema solar, así como los siete chakras del cuerpo humano. La campana de siete metales es una herramienta muy eficaz para mejorar la energía de un espacio. Pruébala la próxima vez que tengas los ánimos por el suelo.

Tocar una campana que limpie el espacio despierta la energía del chi en estado de letargo y revitaliza la atmósfera.

Limpia el chi de los enredos legales   83

Los problemas legales son normalmente el resultado de la activación de las estrellas del enredo en la carta natal de la estrella voladora. Un profesional del feng shui puede ser muy concreto a la hora de diagnosticar las zonas que pueden verse afectadas, lo que permite que los habitantes instalen remedios en las mismas. De acuerdo con el feng shui de las estrellas voladoras, los problemas legales están provocados por el hostil enredo número 3, que afecta la estrella de las relaciones en la carta natal de la casa; puede que esto se repita anualmente.

Para los que no entiendan el método de diagnóstico de la estrella voladora, pueden instalar el remedio del agua potenciada con el poder de la luna colocando el agua yin en un jarrón. También pueden realizar una limpieza a fondo de su casa con ese tipo de agua, que debe haber estado quieta al menos tres días y tres noches.

El agua yin ayuda a absorber las vibraciones provocadoras que conducen a los enredos legales. Quita todas las campanillas de viento, los relojes y otros objetos que se muevan de los alrededores de la puerta de entrada. Coloca una imagen o una figura de un pájaro volando hacia el exterior en la puerta de entrada para reducir el impacto negativo de las batallas legales; incluso puede resolver el problema por sí solo. Por lo general, los pájaros son un excelente símbolo de apaciguamiento y también previenen los accidentes. Se dice que llevar plumas de pájaro o la imagen de un pájaro en un coche también tiene el mismo efecto.

84 Qué debes hacer después de un robo

Las casas que han sufrido la desagradable experiencia de un robo o un atraco deben limpiarse de la energía negativa de inmediato. A menudo observamos que las mismas casas de un barrio tienden a ser el objetivo de los ladrones. Los chinos creen que la Estrella de la Aflicción del Robo está en esas casas y, a menos que se le ponga remedio, el peligro de que te roben siempre estará presente. Los habitantes de esas casas también suelen ser más propensos a sufrir robos menores.

La causa puede ser la energía intangible de las malas estrellas voladoras, o también la manera en que están distribuidas las habitaciones dentro de la casa. Encontrar la causa de ser propensos a los robos usando las cartas de la brújula es una práctica muy poderosa del feng shui, pero lleva mucho tiempo. Un método más fácil consiste en limpiar la energía como medida de protección inmediata, y a continuación instalar remedios que protejan de infortunios similares que puedan repetirse en el futuro.

Limpieza con sal y azafrán

Justo después de que tu casa haya sido atracada, usa una mezcla de agua con sal y azafrán para limpiar las puertas y ventanas. Todas las aperturas de la casa deberían limpiarse con esta solución. Camina tres veces alrededor de las aperturas en el sentido de las agujas del reloj.

A continuación, coloca esta solución en la puerta de entrada durante tres días,

y mantén las luces encendidas durante esos tres días como mínimo.

También puedes usar los cuencos tibetanos para absorber cualquier residuo de energía negativa. Normalmente, cuando se ha robado en una casa, los habitantes viven con miedo durante las semanas siguientes. Es necesario hacer desaparecer esa nube de aprensión; de lo contrario, se crea energía negativa que puede actuar como catalizador para algún otro tipo de desgracia. En estos casos es muy útil usar la armonía confortante de un cuenco tibetano para absorber la energía negativa. El chi interno de los habitantes se estabilizará en menos tiempo y el aire se volverá más ligero.

El truco de la escoba

Un antídoto muy efectivo para que no te roben consiste en colocar una escoba invertida en la pared de una puerta que conduzca al exterior de la casa. Se dice que previene el chi de los robos. Los chinos también creen que colocar un par de unicornios chinos (Chi Lins) o leones flanqueando la puerta actúa como potente agente disuasivo.

El poder de los Chi Lins

El Chi Lin, o unicornio chino, es un protector celestial. Si vives en una casa de una planta, coloca un par de Chi Lins de piedra encima de las puertas de tu propiedad, para que actúen como guardianes.

Si vives en un piso o apartamento, coloca un par fuera de la puerta de tu piso. Usa un pegamento muy fuerte para pegar los unicornios al suelo si lo necesitas (¡siempre y cuando no rompas ninguna norma de escalera!). Coloca siempre los Chi Lins mirando hacia afuera, para que, simbólicamente, hagan frente a cualquier amenaza o negatividad que intente entrar en la casa.

En Oriente, el azafrán se usa para limpiar y purificar los edificios.

Revitaliza la energía después de una tragedia 85

En el período subsiguiente al bombardeo del 11 de septiembre de 2001, recuerdo deambular por la casa en una especie de estupor. Había visto la horrible escena en la televisión y durante días después de aquello las imágenes se quedaron retenidas en mi mente, no se querían marchar. Entonces me di cuenta de lo que se debe sentir al experimentar una tragedia y lo duro que llega a ser cuando la tragedia nos toca de una manera personal y afecta a nuestra casa, el lugar que creemos nuestro santuario.

La tragedia nos golpea de muchas maneras. A veces es una consecuencia de los desastres naturales, como por ejemplo incendios, terremotos, tormentas eléctricas, tifones, inundaciones. Son tragedias de grandes dimensiones causadas por desequilibrios en el chi del entorno superior y el hombre no puede hacer nada por pararlas. Cuando los dragones de la tierra rugen, causan terremotos, erupciones volcánicas e incendios forestales, provocando muertes y destrucción. Cuando los dragones del mar no están satisfechos, azotan los vientos, lo que fomenta que las aguas se levanten y los vientos soplen fuerte. Todo esto provoca el terror de la energía del agua en su forma más destructiva.

Creencias chinas

Los chinos creen que, al paso de tales desastres naturales, la tierra se limpia, ya que todos los aspectos negativos son barridos con la más poderosa purificación. Creen que todo lo que debe hacerse es reconstruir lo dañado. Contra los ataques de la naturaleza, el hombre está indefenso.

Pero cuando la tragedia la provocan los hombres, la energía que deja a su paso es alarmante y peligrosa. En el feng shui existen tres tipos de mal chi. Existe el chi negativo, el chi muerto y el chi asesino. Los tres son peligrosos, pero el más nocivo es el chi asesino. El período subsiguiente a la tragedia deja atrás el chi muerto y, a menos que sea barrido de alguna manera o que se vuelva a despertar, provoca una acumulación de energía yin.

El antídoto para el chi muerto es una infusión masiva de energía yang, que puede usarse en forma de sonido, actividad y luces. Son tres fuentes de energía yang que se pueden utilizar para crear energía.

Si tu casa ha sufrido una inundación, o ha sido destruida por el fuego, el mero acto de reconstruirla devuelve la energía yang. Cuando la tragedia llega en forma de accidentes mortales a los habitantes, entonces el chi muerto de la casa debe ser reavivado con luces brillantes y sonidos alegres.

Crear un altar personal de luces brillantes proporciona ayuda y alivio después de haber ocurrido una tragedia. También se practica de forma organizada en las iglesias y catedrales occidentales y en muchos templos orientales.

86 Cómo acallar los chismorreos

Si eres víctima de chismorreos en el trabajo o en tu vida social, la mejor manera de evitarlos y disminuir su efecto sobre ti es utilizar sonidos para ahuyentar el diablo de la cháchara. Los platillos metálicos son lo más adecuado en este caso. Colgar un par de platillos dentro del hogar anulará simbólicamente los efectos negativos de los cuchicheos y contribuirá en gran medida a reducirlos.

Otra manera muy efectiva de reducir el chismorreo en tu vida es utilizar la energía de los cristales. Para eso, coloca seis bolas de cristal muy liso, hechas de cristal blanco o de colores ligeros: rosa para calmar el cuchicheo sobre tu vida amorosa, verde para parar la cháchara sobre tus negocios, azul para contrarrestar las conversaciones que perjudican tu carrera y lila para reducir todos los cuchicheos superficiales.

Estas bolas de cristal de colores suaves no sólo absorben todas las energías negativas asociadas con las malas lenguas y el politiqueo: también crean armonía y éxito para los habitantes de la casa en la que están colocadas.

Las bolas de cristal representan una vida sin complicaciones, sin problemas ni rencor. En mi salón tengo seis bolas de cristal, y también en el despacho. Aseguran que mi trabajo y todos mis proyectos avancen sin problemas, con pocos o ningún obstáculo. Absorben toda la energía negativa.

Para usar las bolas de cristal con este fin, colócalas a una altura bastante baja: una mesa de centro es un lugar ideal, ya que las dispone en el centro de la habitación. No hace falta que sean muy grandes (unas bolas de 8,5 cm de diámetro están bien) ni de ningún color en particular. Mucha gente las prefiere de cristal claro, pero últimamente se pueden encontrar bolas de cristal muy bonitas de diferentes colores, y me he animado a introducir más color a mis remedios de feng shui; debo confesar que me han ayudado a crear un estilo de vida más tranquilo y mucho más agradable.

La mejor zona para colocar las bolas de cristal para que eliminen los cuchicheos y los comentarios frívolos es el suroeste, el lugar de la matriarca. Puede ser el suroeste de la casa o del salón. Limpia las bolas de cristal a diario para mantenerlas limpias y brillantes. Cuando se empañan debido a la acumulación de polvo y suciedad, suelen perder su potencia.

Coloca cristales

Colocar bolas de cristal en el suroeste de la casa acalla los cuchicheos y estimula la armonía.

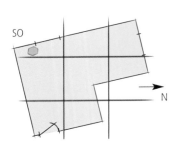

Colocar bolas de cristal refuerza simbólicamente a la matriarca, que reside en el suroeste de la casa.

Cuando tú eres la víctima del politiqueo 87

Si eres una víctima del politiqueo en el trabajo, es necesario que, urgentemente, hagas algo para remediarlo. El remedio del feng shui taoísta para los chismorreos perjudiciales es la imagen del gallo. Se cree que es la medida más eficaz para aquéllos que, sin darse cuenta, se convierten en las víctimas del politiqueo dañino y malicioso en el trabajo. Coloca un gallo blanco en tu mesa de la oficina y deja que picotee todos tus problemas uno a uno. El remedio del gallo es especialmente indicado para los que tienen las mesas colocadas en las esquinas o están sentados en lo que yo llamo disposición de ciempiés: una mesa detrás de la otra en dos filas. Esta disposición propicia los cuchicheos y las murmuraciones maliciosas. El gallo sobre tu mesa eliminará toda la energía negativa creada por esa situación.

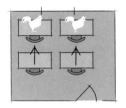
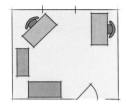

Si tienes que sentarte con otras personas detrás de ti (izquierda) o en una esquina apretada (derecha), coloca el gallo en tu mesa para protegerte de los cuchicheos.

Espejo

Coloca un espejo de latón en tu vestíbulo o salón para evitar que los chismorreos te sigan hasta casa.

Consigue ayuda de los espejos

Para asegurar que estás debidamente protegido, coloca también un espejo de latón en tu casa, en diagonal a la esquina opuesta a la puerta de entrada. El espejo de latón era un método muy popular entre los mandarines de la corte del emperador chino para superar cualquier efecto negativo de las intrigas políticas. En aquella época, existía un gran riesgo de muerte debido a manipulaciones de ministros y consejeros reales. Cualquier falta de cortesía provocaba el encarcelamiento o la muerte no sólo del patriarca sino de toda su familia. Creer en el feng shui era algo que todo el mundo daba por sentado, sobre todo los consejeros de la corte del emperador.

Las intrigas de empresa actuales no difieren mucho de las de aquella época, de manera que la práctica del feng shui puede proporcionar bastante alivio. Los espejos de metal o de otro tipo se han usado para detener los chismorreos negativos.

Se cree que los espejos hechos de cristal, metal o cualquier superficie reflectante hacen que rebote cualquier negatividad que los demás te manden. Para potenciar estos espejos se usan algunos métodos; es muy popular reflejar la energía del sol en un espejo de cristal para transformar en positivas las intenciones negativas que los demás respecto a ti.

Protege tu casa de los cuchicheos

También se dice que los espejos de latón estratégicamente colocados mirando hacia la puerta de entrada desde una esquina son capaces de desviar toda la energía negativa que entra en la casa, especialmente la causada por el politiqueo y las presiones competitivas. Si tienes un altar en tu casa (como la mayoría de los chinos), coloca el espejo de latón encima y deja que refleje tanto espacio de la habitación y de la zona de la entrada como sea posible. Así desviarás todas las malas intenciones que intentan penetrar en un casa a través de la puerta.

88 Amuletos especiales y limpieza del espacio para disipar la envidia intensa

Involuntariamente, puede que seas el receptor de las vibraciones negativas e intensas que te envían colegas celosos, amantes rechazados, amigos envidiosos o enemigos comerciales. En el mundo altamente competitivo en que vivimos, todos necesitamos la protección contra la envidia y los celos de las personas sin escrúpulos.

Muchos asiáticos llevan amuletos y talismanes que, según creen, tienen el poder de proteger contra la energía negativa. Los chinos son también grandes partidarios de los amuletos, y muchos piensan que, sencillamente, un broche con un dragón tiene el poder de proteger contra las vibraciones negativas. Otros amuletos populares son los caballos, los Chi Lins y los símbolos místicos.

Más adelante presento algunas excelentes técnicas que puedes usar para potenciar los símbolos de protección. Esas técnicas me fueron transmitidas por altos profesionales espirituales y taoístas durante el transcurso de mi carrera empresarial. Comparto esas técnicas de potenciación con vosotros porque son para proteger, y no

Lleva un broche con un dragón para protegerte de la envidia de los demás.

tienen ningún tipo de poder que pueda dañar a nadie. Estas técnicas son excelentes para esquivar las flechas negativas –desde la hostilidad hasta los malos sentimientos– que puede que alguien te envíe.

Qué debes hacer si los otros están celosos

Si sientes que puedes estar atrayendo celos, cuélgate un broche con un dragón. Es un amuleto muy sencillo que ha sido utilizado durante muchos siglos. Como criatura celestial poderosa que es, el dragón contribuye a protegerte de las influencias negativas, y también atrae la buena suerte.

Las mujeres deben llevar el broche con un dragón a la izquierda, mientras que los hombres deben ponérselo a la derecha. El broche es necesario porque simbólicamente representa una aguja capaz de agujerear el chi negativo. Antiguamente, los maestros taoístas cosían agujas dentro de la ropa de los niños para evitar los celos y la envidia.

Esquiva las malas intenciones

Una vez a la semana, es también una excelente idea llevar a cabo un ritual de limpieza de tu casa usando un cuenco tibetano (véanse los consejos 69 y 114). Este ritual periódico continuará absorbiendo cualquier resto de energía negativa que haya sido traída por los habitantes que trabajen fuera. Cuando lo conviertas en algo acostumbrado, completado con remedios de incienso, a cualquier persona con malas intenciones le resultará muy difícil entrar en tu casa.

Espadas para eliminar los celos

Un talismán muy eficaz para limpiar las vibraciones negativas intangibles que pueden afectar el bienestar de los habitantes de una casa es la navaja curva metálica y la «espada de monedas», fabricada con antiguas monedas chinas atadas mediante un hilo rojo. Se dice que cortan la energía negativa invisible con una gran precisión y efectividad. Colócalos detrás de ti en el trabajo para frenar el impacto negativo de los pensamientos celosos que los colegas te puedan enviar.

La energía negativa de una relación rota 89

El mal feng shui es una de las causas más comunes de relaciones y matrimonios rotos. Cuando la energía de la casa se vuelve mala, o las estrellas provocadoras entran en el dormitorio (como parte del feng shui de la «evolución de la dimensión temporal»), los problemas empiezan a aparecer en las relaciones de pareja, con otros miembros de la familia y con desconocidos. El chi que tiene un efecto negativo sobre los matrimonios es el más dañino de todos.

Un espejo frente la cama, una aflicción de «flecha envenenada» lanzada desde la mesa a la parte izquierda de la cama (véase foto), y los trastos y la ropa en la esquina afligen la energía de esta habitación. Esto crea negatividad en la relación de la pareja que duerme ahí.

Las peleas y los malentendidos son manifestaciones de falta de armonía en el entorno. Están provocados tanto por la energía espacial que lucha contra la relación como por la energía intangible negativa que traen consigo los números negativos de las estrellas voladoras en los dormitorios. Después de treinta años de ser testigo de rupturas de relaciones, he descubierto que una gran parte de los matrimonios rotos se dan en hogares donde el dormitorio tiene una aflicción feng shui.

Si conoces algo sobre la suerte en las relaciones y el feng shui, sabrás que existen tabúes específicos para los dormitorios, que, si se rompen, provocan tensiones en la pareja que lo ocupa.

Por supuesto, otras aflicciones pueden crear tensiones similares en las relaciones, entre ellas, la energía de una mala estrella voladora. Es útil saber suficiente feng shui para asegurar que la energía espacial de tu dormitorio es propicia para una relación afectuosa.

Si eres la parte de la pareja que se queda con la casa que compartíais, limpia a fondo tu casa para eliminar los restos de chi negativo que se hayan podido quedar procedentes de palabras fuertes, infelicidad y dolor. La sonoterapia romperá la cortina de pesimismo que cuelga sobre tu casa. Pon música alegre y usa un cuenco tibetano para capturar y transformar el chi negativo en positivo. Suprime todas las aflicciones que puedas encontrar. Por ejemplo, cambia todas las sábanas y cortinas de la habitación para librarte de la vieja energía negativa. Remodelar a fondo el dormitorio te hará sentir cargado de energía. Limpiar toda la energía negativa que una unión matrimonial rota deja a su paso en una casa propiciará la creación de nueva energía, que te dará fuerzas para seguir adelante.

Tres manera de evitar una ruptura

1. Los espejos del dormitorio de la pareja provocan que una tercera parte ajena desbarate su relación y crean serias tensiones sobre ella, provocando infidelidades. Un espejo mirando directamente a la cama es la causa más peligrosa de esta aflicción.

2. Tener agua dentro de la habitación, en una pecera o en una fuente, o incluso un cuadro en que aparezca el agua –especialmente si está colgado justo encima de la cama– causará pérdidas tanto para una parte como para la otra en el matrimonio. El agua dentro del dormitorio es un tabú importante en el feng shui.

3. Dos colchones separados sobre el somier de una cama de matrimonio crearán una división invisible en su relación, que se manifestará durante un tiempo astrológico que sea malo para ellos.

90 Elimina la energía negativa de tu espacio de descanso

Lo que te beneficia o te perjudica por encima de todo es el espacio en el que descansas. Una vez tuve una época en que me despertaba cada mañana llena de una sensación de terror. Me dolía terriblemente la espalda, se me secaba la boca y me quedaba un sabor amargo. Primero pensé que me había puesto enferma, pero observé que, a medida que iban pasando los días, me sentía mejor.

Eso me hizo sospechar que algo pasaba en mi espacio de descanso. En la pared de detrás de mi cama descubrí que una pequeña repisa se había caído, dejando tras de sí seis clavos a la vista. Ahí estaban, sobresaliendo y apuntando directamente a mi cabeza mientras yo dormía. Sin más preámbulos, los saqué.

A continuación di un baño de sol a mi colchón y a mis almohadas para disolver cualquier resto de energía negativa que pudiera quedar allí. Las coloqué al sol caliente durante tres días seguidos. El resultado fue simplemente sorprendente. Por primera vez en meses, dormí profundamente y me desperté sintiéndome fresca y bien descansada.

Consejos para las mujeres

Debes comprobar y limpiar de energía negativa tu espacio de descanso en todo momento. Cuando una pareja se rompe, el espacio de descanso debería vaciarse de inmediato. Si tu marido te ha dejado, deberías dar un baño de sol a tu colchón y a las almohadas para infundirles energía yang. A continuación, coloca una geoda de amatista debajo de tu cama, justo en la parte del colchón donde tus pies reposan.

Una geoda de amatista colocada bajo los pies de la cama refuerza las relaciones de pareja.

Consejos para los hombres

Si tu pareja acaba de dejarte, o acabas de descubrir que tiene una aventura y quieres recuperarla, coloca una geoda de amatista bajo tus pies. Se dice que refuerza el vínculo entre madre y padre, ya que normalmente los maridos duermen en la parte izquierda de la cama y las esposas en la derecha. No coloques en ningún caso el cristal de amatista directamente bajo tu cabeza, ya que interrumpirá tu sueño; su energía es demasiado poderosa. Colocar el cristal debajo de tus pies es un poderoso método taoísta para asegurarse de que la pareja permanezca unida y feliz.

Tres remedios para la negatividad

1. Si colocas una geoda de amatista debajo de tu cama, también debes limpiarla regularmente (*consejo 104*).
2. Para una purificación más profunda de tu dormitorio, saca tu colchón y las almohadas al sol.
3. Al menos una vez al mes, enciende incienso aromático y camina alrededor de tu cama tres veces en el sentido de las agujas del reloj. Eso eliminará cualquier negatividad que haya podido quedar.

Quita los trastos y limpia el espacio que ocupa tu cama

91

Ánimo a todas las parejas a que lleven a cabo una limpieza regular y sistemática del espacio de su cama. Empieza por quitar todos los trastos de debajo de la cama. Es muy importante que los tires, sin tener en cuenta el valor sentimental que puedan tener para ti las cosas que has ido acumulando.

Antiguamente, cuando los bancos aún no existían, muchas familias dormían literalmente sobre el oro de la familia porque creían que eso protegería sus bienes. Por eso un cuenco simbólico de monedas se considera beneficioso. De todas formas, sé prudente respecto a qué tesoros son adecuados para guardarse ahí.

Mantener la zona de debajo de la cama limpia de trastos evita que duermas sobre fotos u objetos que asocias con miembros de tu familia, que, simbólicamente, ahogan su suerte y afligen a la familia.

No coloques nunca ropa vieja, libros, álbumes, archivos u objetos personales debajo de una cama. Aquellos objetos con un valor genuino deberían colocarse dentro de una caja dorada en un lugar más alto. El simbolismo de dormir sobre objetos personales que están estrechamente relacionados contigo reducirá tu buena suerte. Si colocas las fotos de tus niños debajo de tu cama, entorpecerás su crecimiento y desarrollo. El hecho de dormir sobre fotografías de la persona que sostenga económicamente a la familia disminuirá su suerte de una manera similar.

Activa la buena suerte

Es útil realizar un ritual de limpieza del espacio de la cama, con incienso y un cuenco tibetano, una vez al mes. Eso activará la buena suerte de tu familia. Cuando la energía de la cama de matrimonio está sistemáticamente limpia de energía negativa, el chi no tiene ninguna oportunidad de envejecer o de morir. Eso garantiza que la «suerte familiar» permanezca vibrante y energizada.

Al mismo tiempo, es importante librarse de toda la energía asesina causada por flechas secretas envenenadas. Emanan de los cantos afilados de las paredes y de los muebles, y también de las pesadas y perjudiciales vigas estructurales. La energía asesina, o shar chi, plantea amenazas inmediatas para los habitantes de la casa. La energía negativa también es perjudicial, pero su efecto es menos mordaz y se experimenta durante un período de tiempo más largo. Aunque ambas deberían limpiarse, la energía asesina intensifica cualquier peligro para las relaciones, especialmente para las de pareja.

Cuando la cama está afligida por la energía asesina, no hay manera posible de que la pareja la comparta, y todas sus interacciones harán que su relación se vea abocada a una caída en picado. Definitivamente, no habrá suerte con la descendencia. Incluso si ya han tenido hijos, su familia no se sentirá como una unidad. Personalmente, creo que la ausencia de la buena suerte familiar es la aflicción del feng shui más triste de todas.

92 Técnicas de purificación para tu zona de descanso

El azafrán es un purificador utilizado tradicionalmente en los rituales de las culturas orientales.

Prepara una jarra de agua purificante con azafrán para limpiar el espacio que ocupa tu cama. Deberías prepararla en un recipiente especialmente destinado para este fin. Después de meter el azafrán en agua caliente durante un rato, el agua se vuelve amarilla. Utiliza el azafrán de la mejor calidad que puedas encontrar; sólo necesitarás unas pocas tiras en una jarra de agua caliente. También debes preparar un poco de incienso herbal aromático; puede ser tanto en polvo como en forma de bloque compacto. El agua con azafrán y el incienso son realmente excelentes para limpiar el dormitorio, sobre todo la zona que rodea la cama de matrimonio.

El azafrán es una sustancia muy poderosa para la purificación de los espacios. Se usa en muchos rituales de limpieza taoístas, y también ocupa un lugar destacado en las ceremonias *puja* hindúes y taoístas. En esos rituales, el agua con azafrán se usa para limpiar simbólicamente el cuerpo, la mente y el habla de los devotos que participan en el puja. El azafrán está considerado uno de los agentes purificantes más poderosos. El de mejor calidad procede de Grecia.

También complementa los arreglos de feng shui que hayas podido llevar a cabo en la habitación, y tiene el poder de curar las aflicciones causadas por las estrellas voladoras mensuales y anuales que lo afectan. Debes usarlo con confianza. Lo mejor de las limpiezas con azafrán e incienso es que, aunque eliminan el chi negativo, no perjudican nada positivo ni propicio.

El ritual del azafrán

Este ritual de limpieza con azafrán e incienso puede realizarse una vez al mes. Sólo tardarás cinco minutos y es muy poderoso.

Primero, camina tres veces alrededor de la cama en el sentido de las agujas del reloj, dejando que el humo del incienso se esparza sobre ella. A continuación, crea una burbuja de protección invisible a su alrededor salpicándola de agua con azafrán a medida que caminas a su alrededor tres veces más.

Un potente ritual con un espejo para las reconciliaciones 93

Cuando una pareja se separa, tienen lugar dos tipos de separación: la temporal y la kármica. Si la separación es kármica, no se puede hacer nada para recuperar a la persona querida, porque se ha terminado el karma entre los dos. Los chinos (tanto taoístas como budistas) aceptan que todos estamos «predestinados a estar con los que acabamos construyendo una familia» y que nuestro destino respecto a la pareja se basa exclusivamente en nuestra «suerte celestial». Pero los chinos también reconocen que la suerte celestial puede acelerarse o retrasarse, y que sólo conforma una tercera parte de nuestro destino. También existe la «suerte terrenal» que podemos aprovechar (feng shui) y nuestra propia «suerte humana», que podemos utilizar para influenciar, modificar, acelerar o ralentizar nuestra suerte celestial. Así que podemos hacer algo para influir en nuestro propio destino; no está grabado en la piedra.

Muchas historias chinas narran la existencia de poderosos remedios y antídotos que se usaban en la corte imperial, especialmente por parte de las concubinas competidoras, desesperadas por obtener el favor del emperador. Una

noche, un maestro feng shui me contó un ritual de esos, del que se dice que es todopoderoso a la hora de recuperar a un ser querido. Nunca lo he probado, ya que no he tenido ocasión de hacerlo, pero un par de amigas mías (muy a su pesar, con maridos bastante mujeriegos) sí, y le tienen una fe ciega. Sospecho que su nivel de éxito depende de la fuerza de la motivación que debe acompañar la realización del ritual, así como también la severidad de la ruptura entre los dos.

Para el hechizo del espejo, necesitarás dos espejos o uno de esos que se abren en los que puedas guardar fotos.

El hechizo del espejo

Primero, necesitarás una foto de la persona que te ha dejado. Una foto de la cara y los hombros servirá, pero una foto de todo el cuerpo es más potente. Asegúrate de que no haya nadie más en la foto; debe estar tomada únicamente de esa persona. No se pueden usar fotos recortadas. Las fotos realizadas al aire libre son más efectivas que las de interior. También es preferible que la persona esté sonriendo y parezca feliz, y que esté de pie y no en una pose relajada.

• Elige otra foto en la que salgas tú, solo y sonriente. Si utilizas una foto de medio cuerpo de tu ser querido, debes usar una de ti mismo similar.

• Ahora coge dos espejos que sean del mismo tamaño que las fotos. Coloca las dos fotos de manera que estén cara a cara.

• Entonces, pon los espejos a ambos lados de las fotos. La parte del espejo que refleja debe estar colocada en la parte externa, y no hacia las fotos. Entonces tendrás dos fotos (de ti y de tu ser querido) metidas entre dos espejos. Utiliza una potente cinta adhesiva para sellar los espejos juntos con las fotos dentro.

• En la siguiente luna llena, atrapa el reflejo de la luna en las superficies de ambos espejos. De esa manera se lavan las fotos con luz de luna que, según dicen, capta la magia del dios del matrimonio que reside en la luna. Mantén las fotos metidas entre los espejos hasta que tu amado/a te llame y quedéis para veros. Tan pronto como eso ocurra, saca las fotos de dentro de los espejos.

El resto depende de ti. Este ritual no tiene el poder de controlar a nadie, sencillamente crea una oportunidad para que la pareja pueda resolver sus diferencias.

94 Recupera a un ser querido

A veces, la separación de una pareja se debe un mal feng shui, que provoca que una tercera persona se inmiscuya entre ellos. Es la situación más normal en las rupturas, y por eso soy una fuerte defensora de poseer algunos conocimientos de feng shui. Más vale prevenir que curar. Si conoces los tabúes que pueden conducir a la infidelidad, y previenes la presencia de esos detalles en la casa que compartís, serás capaz de protegerte de ellos.

Los pájaros son muy propicios y aparecen con regularidad en muchos rituales taoístas. Dicen que representan la seguridad. También llevan las oportunidades a las casas, y si deseas vender la tuya, también puedes usar el ritual del pájaro para conseguirlo.

Los motivos con pájaros son propicios para la casa. Dibujar un pájaro que vuela hacia tu casa atrae de nuevo a un ser querido.

Cómo proteger tu relación

1. No pongas nunca un contenedor con agua (por ejemplo un estanque, piscina o acuario) a la izquierda de la puerta de un dormitorio, es decir, a la izquierda mirando desde el interior de la habitación hacia fuera. El agua, independientemente de lo beneficiosa que sea según otras fórmulas o sistemas de feng shui, hará que el hombre de la relación sea muy mujeriego.

2. No tengas nunca agua dentro de la casa y mirando directamente a la puerta principal. Un dispositivo de agua colocado justo enfrente de la entrada de una casa hará que el marido que viva en ella desarrolle un interés amoroso fuera de su matrimonio. Presta mucha atención para que ningún aparato con agua corresponda a ese tabú.

3. No coloques nunca espejos delante de la cama de matrimonio. El reflejo de la cama en un espejo casi siempre provoca la separación. Las televisiones y pantallas de ordenador también actúan como espejos. Si tienes una televisión en tu habitación, cubre siempre la pantalla mientras duermes. Si tienes espejos mirando a la cama, cúbrelos o sencillamente quítalos. Este tabú puede provocar que el marido o la mujer abandonen el matrimonio.

4. Si tu pareja ya te ha dejado y quieres recuperarla, pon una imagen de un pájaro volando en la parte izquierda de la puerta de entrada (mirando hacia el exterior) y coloca su foto al lado del pájaro. Debe parecer que el pájaro está volando hacia dentro y no hacia fuera. Enciende una luz brillante sobre el pájaro y la foto de tu ser querido para activar este ritual simbólico. Puedes utilizar un dibujo o una foto de un pájaro, pero el pájaro debe volar hacia dentro de la casa.

Cómo hacer que la ruptura sea permanente y completa 95

La energía se adhiere a las cosas materiales, así que, cuando una pareja se separa para siempre, normalmente suelo recomendar que se muden a otra casa. De todas maneras, si te quedas en la misma casa, deshazte de todas las pertenencias y posesiones materiales de tu ex compañero: ropa, libros, documentos y fotos; todos son potentes recordatorios del viejo matrimonio. Es mejor eliminar la energía antigua de la casa si quieres una oportunidad para empezar de cero.

Elige un día soleado y con una brisa suave. Utiliza la energía del viento para deshacerte del viejo chi, abre todas las puertas y ventanas e imagina que el viento limpia y refresca tu vivienda. A continuación, esparce sal marina por toda tu casa. Percibe el tipo de energía presente después de que hayas realizado estos sencillos ejercicios de limpieza espacial. Si, después de realizarlos, sientes que la energía de la persona persiste, pon en marcha este ritual, que es extre-

madamente potente a la par que muy beneficioso para el bienestar de tu antigua pareja.

El ritual del barco

Haz un barquito de papel que flote en el agua. Dentro, coloca el nombre de tu antigua pareja con un deseo de despedida bienintencionado. Asegúrate de que tu deseo es genuino. Coloca cinco ofrendas dentro del barco –flores, una barrita de incienso, una moneda y una pizca de agua con azafrán. Representan los cinco elementos y demuestran que le deseas que todo le vaya bien en su nueva vida. Aun así, no coloques una foto de la persona dentro del barquito; tan sólo llévalo al río y deja que navegue río abajo. No mires atrás una vez que hayas soltado las amarras del barco. Esto cerrará un capítulo de tu vida y te permitirá abrir el siguiente.

Para conseguir una ruptura permanente, realiza el ritual del barco usando azafrán, tierra, incienso, flores y una moneda.

Agua activada por la luna 96

El agua activada por la luna trae la energía del amor a todos los rincones de tu vivienda. Coloca un gran recipiente con agua a la luz de la luna llena para obtener agua activada por la luna. Elige una noche que sea clara, luminosa y hermosa. Si llueve o la luna está escondida detrás de las nubes, su energía será débil. La energía de la brillante luz de luna es todo lo que se necesita. La exposición a la luz de la luna durante una noche es suficiente para activar el agua.

Utilízala inmediatamente, justo al día siguiente, para limpiar tu casa o, incluso mejor, para mezclarla con el agua de tu baño. Añade siete tipos de flores que incluyan los cinco colores de los elementos. Por ejemplo: un crisantemo amarillo para el elemento de tierra, un lirio

blanco para el metal, un lirio para el agua, una rosa roja para el fuego y una dalia verde para la madera, y dos flores más para sumar las siete. Éste es un ritual de baño muy estimulante que en los últimos años se ha vuelto muy popular en los balnearios de salud.

Los habitantes de Bali son especialmente versados en el arte de crear baños de flores energizados por la luna. Añaden gotas de esencia al agua para hacer que los baños sean más románticos. Muchas de las plantas tropicales usadas en los balnearios de Bali también poseen propiedades vigorizantes.

Tú también puedes crear rituales de purificación similares en tu propia casa. El uso de agua energizada por la luna en tus baños les añadirá «chi del amor».

97 Equilibra el yin y el yang del espacio

A veces las enfermedades y los infortunios que padecen los habitantes de una casa son debidos al desequilibrio del aire, que a su vez es causado por un exceso de sequedad. Cuando el aire está particularmente seco o contaminado, el chi que domina en una vivienda se debilita y se vuelve demasiado yang. Pulverizar el aire con pequeñas gotas de agua es una manera excelente de restaurar el equilibrio.

El equilibrio del yin y el yang del aire de la casa ejerce una tremenda influencia en el estado de humor habitual de sus habitantes. De hecho, influye en la manera en que los habitantes sienten las cosas. Los científicos que miden la contaminación del aire se sienten estupefactos ante la inmensa diferencia que notan en el humor de la gente cuando se expone al aire contaminado.

Probablemente esto se debe a que, de todos los ejemplos de desequilibrio entre el yin y el yang en el ambiente, el más grave es el desequilibrio causado por el aire contaminado. A veces, estar expuesto a ciertos vientos que contengan energía yin puede provocar este desequilibrio. Ejemplos de estos vientos son los mistrales de Europa, los vientos *chinook* de América del Norte, y los tifones que azotan algunos países lindantes con el mar del Sur de China y el océano Pacífico. Cuando el aire está desequilibrado, los que lo respiran pueden padecer migrañas, cansancio y fatiga, y el cuerpo reacciona negativamente; también tiene un efecto

Humedecer el aire con agua vaporizada puede ayudar a mejorar la calidad del aire y los temperamentos. Se puede añadir lavanda (foto inferior) en forma de aceite esencial para crear un ambiente relajante.

negativo en la manera en que la gente actúa e interactúa entre sí.

«Equilibrar» el aire para tener una salud mejor

Si notas que los miembros de tu familia se irritan y tienen mal genio, sucumben con facilidad a las alergias y dolores de cabeza, y se sienten deprimidos sin razón, tienes motivos suficientes para sospechar que existe un desequilibrio en el aire. Pulveriza agua para suavizarlo y reparar el desequilibrio. O pon en marcha un ventilador para incrementar el flujo del chi. Incluso si no sientes que el aire esté contaminado o sucio, pulveriza algunas pequeñas gotas de agua. Te sorprenderás de lo efectivo que puede resultar a la hora de mejorar el humor y las actitudes de los habitantes de la casa. Y todo gracias al efecto calmante del agua. Si lo deseas, puedes añadir unas pocas gotas de lavanda, u otra esencia que te sosiegue.

La terapia de los cinco elementos para las grandes relaciones

98

Todo el mundo puede beneficiarse de la terapia de los cinco elementos, que se basa en los ciclos de los cinco elementos para mejorar las relaciones. Estos elementos son el agua, la madera, el fuego, la tierra y el metal. Los chinos creen que todos los componentes del mundo –desde las direcciones de la brújula hasta las formas, colores, días, horas, objetos, etc.– pertenecen a uno de estos elementos. Además, los ocho puntos cardinales y secundarios de la brújula simbolizan la buena o la mala suerte asociada con cada miembro de la familia, o cada persona de tu vida.

Para mejorar tu relación con un ser querido, activa el suroeste de tu dormitorio. Si vives solo, también debes concentrarte en esa zona, porque representa el romance, el matrimonio y la felicidad familiar. Aun así, también puede representar a tu madre, a las tías mayores y a tu abuela, así que activándolo también beneficias

Estimular la zona suroeste de tu casa fomenta el papel de la matriarca.

Las direcciones para la armonía

Si deseas mejorar tus relaciones con los compañeros, hermanos y amigos, aquí tienes algunas pautas que puedes seguir:

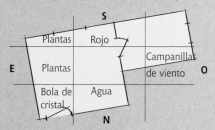

1. Con los varones mayores que tú, activa el este con plantas, árboles y flores.

2. Con los varones de tu misma edad, activa el norte con agua.

3. Con los varones menores que tú, activa el noreste con una bola de cristal.

4. Con las mujeres mayores que tú, coloca plantas en el sureste.

5. Con las mujeres de tu misma edad, pon algo rojo en el sur.

6. Con las mujeres menores que tú, pon unas campanillas de viento de metal en el oeste.

tus relaciones con ellas. El elemento del suroeste es la tierra, así que, para potenciar esa esquina, es propicia la presencia de cristales naturales hermosos y la energía de la montaña y de la luz, ya que la luz (fuego) produce tierra.

Fomenta las relaciones con los jefes

Para mejorar la relación con tu jefe, empresario, padre o cualquiera que sea superior a ti laboralmente hablando o en tus actividades sociales, activa el noroeste, ya que esta esquina gobierna la suerte de tus relaciones con ellos. Si estás metido en política, esta esquina también aumentará tu prestigio entre tus seguidores. Coloca seis campanillas de viento de metal, o una representación de una montaña de metal de oro o diamantes en esa esquina. Existen muchas maneras de simularla en tu casa, desde colocar piedras artísticas o de pan de oro, hasta cristales tallados esparcidos por encima de cristales sin pulir que parezcan diamantes.

99   Energiza el suroeste con amarillo

De los ocho puntos cardinales de la casa, el que más afecta tu suerte en las relaciones en general es el suroeste. Es muy importante que esa esquina y esa pared de la casa no estén demasiado cargadas de objetos. Cuando la energía en esa dirección se vuelve confusa o afligida, afecta a todas tus relaciones, así que vale la pena invertir tiempo y esfuerzos en el cuidado de las habitaciones ubicadas en el suroeste. Mantén la zona libre de objetos no deseados y, una vez a la semana, dedica un rato a quitar todo aquello que se haya ido acumulando. No coloques plantas en el suroeste porque matan la energía de la tierra. Y tampoco coloques nunca campanillas de viento en esa dirección, porque el metal reduce la energía del suroeste. El único momento en que se deberían colgar campanillas de viento es cuando la aflicción de la estrella voladora penetra en el suroeste, cosa que se repetirá en el año 2010. Los ciclos temporales van de nueve en nueve para reflejar los nueve números usados en el feng shui de las estrellas voladoras.

Estimula tu vida social

Tu vida social y amorosa se beneficiará de un aumento de energía en el suroeste. Una manera segura de activar una vida social aislada es pintar la pared del suroeste de amarillo brillante. Eso no sólo estimula la energía de la tierra, sino que le añade una dosis del valioso chi yang. El amarillo es un color particularmente bueno para el suroeste, el noreste, el oeste y el noroeste, y funciona de maravilla para todas tus relaciones en el suroeste.

De todos modos, sé precavido y no te pases. No debes abusar de éste o de otros colores en la casa; úsalo con moderación. Si no quieres pintar las paredes, puedes optar por cortinas, fundas de cojín o alfombras de ese color. Para activarlo aún más, puedes encender una luz potente sobre el color para enfatizar la energía de la tierra.

En muchas culturas asiáticas, el amarillo era un color imperial. En la antigua China, por ejemplo, sólo los emperadores y sus familias podían vestir de amarillo. Aquí, en Malasia, el amarillo es también un color real y sólo los miembros de las familias reales pueden vestirlo en las recepciones de estado oficiales y en las fiestas de jardín.

Un detalle amarillo en la pared estimula la energía de la matriarca en una casa.

Limpia el suroeste con luces brillantes 100

La esquina suroeste también se puede lavar y potenciar con luces brillantes, ya que la energía del fuego produce energía de tierra y la disposición de luces brillantes revitaliza el chi cansado al instante. Cuando alguna de tus relaciones flaquea o tú mismo pareces estar cansado o agotado, puedes utilizar la energía del fuego en el suroeste para reactivarte.

En las habitaciones del suroeste que estén poco iluminadas, la energía disminuirá. Para solucionarlo, sencillamente debes añadir más luz. Cuando redecoré el despacho que tengo en casa, ubicado en el suroeste, estábamos en el año 2001, en que el suroeste estaba afectado por la aflicción del Cinco Amarillo, que trae enfermedades y pérdidas. Así que no podía usar la habitación durante aquel año. Para disminuir la fuerza de las luces en aquella habitación, instalé una iluminación muy débil, tenue.

En el 2002, cuando el suroeste de nuevo se volvió propicio para las relaciones y para mí (para mi número Kua, el suroeste es particularmente beneficioso para mí), cambié las luces inmediatamente para dar a la oficina un nuevo aire. El cambio fue inmediato. Recuperé mi creatividad. No puedo explicar con palabras lo fácil que me resulta ahora trabajar en esa habitación. Estoy pensando en poner luces de cristal para estimular más mi productividad en esa habitación; tú también puedes hacer lo mismo. Ten en cuenta que todas las habitaciones de tu casa ubicadas en el noreste o en el sur también se benefician de las luces potentes.

Las velas en recipientes de cristal crean energía de tierra y de fuego, lo que potencia las habitaciones del suroeste.

IOI   Elimina la negatividad visualizando ríos de luz

Si quieres practicar el «feng shui del mundo interior», puedes potenciar lo que estás realizando en el reino de lo físico con poderosas visualizaciones mentales. Las imágenes mentales más sencillas que conozco y que dan el resultado más rápido, son en las que se visualizan focos de luz que fluyen como ríos.

Antes de todo, dedica un poco de tiempo a practicarlo. La mejor manera de imaginarse cómo hacerlo es mirando una ciudad por la noche desde un punto estratégico elevado, como si la vieras desde un avión. Nota cómo las carreteras y los coches parecen ríos de luz en movimiento. Es una imagen poderosa, pero ahora debes aprender a controlar el río de luz. Debería tratarse de una luz benigna, brillante pero no cegadora. Empieza imaginando una luz blanca que fluye.

corriente de luz y siente que ese flujo de luz entra lenta y benévolamente hacia el interior de tu casa. Imagínate que ese río, en el instante en que entra, iluminando la casa con la preciosa esencia del yang, baña todo su interior con su brillo.

Ésta es una visualización de limpieza muy poderosa y, si va acompañada de una potente concentración, la casa se siente más ligera al instante. El sopor de sus habitantes desaparece. La ira se disipa. Los sentimientos de abatimiento y de miedo se evaporan. El sol es un catalizador muy poderoso; es posible aprender a aprovechar su energía para la casa usando únicamente el poder de la mente. Cuando lleves a cabo esa visualización, sentirás una sensación de compañerismo y de amor a tu alrededor. Es una buena idea realizarlo siempre que te sientas deprimido porque tu vida o tu familia estén pasando una mala época.

Imagina un río de velas flotantes, o ríos de luces de fibra óptica, para deshacerte de los obstáculos mentales negativos.

Concéntrate en la puerta

Sitúate en el exterior de tu casa, en el jardín, y concéntrate en la entrada principal. Asegúrate de que la puerta está abierta. El mejor momento para realizar este ejercicio es al amanecer en un día claro. Cierra los ojos e imagina el sol como una bola vibrante y palpitante de una luz blanca muy potente y sustentadora. No mires directamente al sol; su claridad te podría cegar. Sólo siente su presencia en el cielo y visualízalo en tu mente.

Abre la luz hacia el interior

Imagina que, desde el cielo, desciende un río o una

Cómo utilizar la energía de la tierra de los lugares sagrados 102

La energía de la tierra es probablemente la más poderosa de las energías de los cinco elementos. Soy particularmente sensible a este tema porque, como tantas otras personas, he pisado suelos muy sagrados y he sentido los latidos del poder de esa energía bajo mis pies.

La tierra de esos lugares sagrados –particularmente los suelos sagrados donde muchos peregrinos van a rezar y a recitar mantras– se ha energizado durante muchos años, incluso siglos, mediante las plegarias y los mantras de la gente. Coge un puñado de tierra y llévatela a casa –con un poquito será suficiente– y espárcela por tu jardín, mezclándola con la tierra del mismo. Mi jardín tiene tierra sagrada de lugares de peregrinación de todo el mundo y creo que es una de las razones por las que mis plantas están tan exuberantes, éstas florecen continuamente y mis árboles frutales dan un montón de frutos.

Sintoniza con el espíritu de la tierra

Todavía es más importante que, cuando me concentro en la tierra sobre la que está construida mi casa, ensalzo esa tierra. También soy consciente del poder de la energía de la tierra de mi casa.

En la parte suroeste de mi jardín he colocado tres grandes rocas para representar la trinidad de la tierra, el cielo y el hombre. Los que viváis en pisos también podéis colocar rocas especiales o piedras semipreciosas en el suroeste, ya que activan la esquina mediante la potente energía de la tierra. Coloca un paquete rojo lleno de monedas (tres, seis o nueve monedas) debajo de las rocas para activarlas, para que creen potentes emanaciones de energía de la tierra. Si sabes algo sobre el feng shui de las Estrellas Voladoras, también puedes activar la propicia Estrella de la montaña de la misma manera.

Cualquier tipo de piedras –guijarros, pequeñas rocas, cristales y grandes rocas– representa la energía de la tierra.

Si puedes, coge un puñado de tierra de la casa de alguien rico. Mezcla su tierra con la tuya, o ponla en una pequeña bolsa de plástico y guárdala para prepararte tu jarrón de la riqueza.

Todas estas recomendaciones activan la energía de la tierra para mejorar la «suerte de las relaciones». También mejoran las relaciones con los colegas, superiores y socios empresariales, no sólo las matrimoniales y familiares.

Guarda un poco de tierra del jardín de alguien rico para potenciar la riqueza.

103 Diferentes maneras de estimular el «chi del crecimiento» y la «suerte de respaldo»

Todavía más eficaces que las rocas de granito son los cristales naturales y las piedras semipreciosas en forma de rocas lisas, pequeñas o medianas. Representan la Energía de la montaña y son enormemente poderosas para nutrir las esquinas de tierra de cualquier casa.

Me gustan mucho las piedras de jade o de color verde en forma de rocas rectangulares altas. Representan el poderoso «chi del crecimiento». Los empresarios que estén empezando sus negocios se beneficiarán de la acción de tener una roca de color verde en sus oficinas, tanto tras ellos como en las esquinas suroeste o noreste. Les harán entrar en contacto con socios empresariales influyentes y útiles. La suerte de las relaciones generada de esa manera beneficiará sus negocios.

Las piedras preciosas y semipreciosas crean suerte de respaldo, es decir, ayuda por parte de los demás.

Las rocas lisas de cuarzo rosa montadas sobre elegantes bases de secuoya son beneficiosas para el amor, mientras que otras rocas de colores de tierra atraen la buena voluntad de mucha gente.

Si quieres crear «suerte de respaldo» de cualquier tipo, deberías comprar una de estas piedras semipreciosas. De hecho, con el creciente interés en los cristales, hoy en día se pueden encontrar cada vez más rocas de este tipo.

Antiguamente, las casas de los mandarines y los poderosos dirigentes de la corte estaban decoradas con bellas piedras preciosas. No se han comercializado muchas de estas antiguas rocas porque, en China, se cree que deben quedarse en la misma familia. Pero si visitas algunos museos de China, podrás ver algunas piedras semipreciosas que han formado parte de la decoración tradicional de las mansiones de algunas familias.

Rituales para limpiar las rocas y los cristales 104

Si pones cualquier tipo de potenciador de la energía de la tierra en tu casa –y entre ellos se cuentan las rocas y los cristales de cualquier forma o tipo– debes recordar que son unos almacenes de energía muy potentes, que contienen cargas tanto positivas como negativas. Es recomendable, por tanto, limpiarlos de la energía negativa que se haya ido acumulando inadvertida-mente durante su viaje hasta tu casa. Consulta cualquier buen libro sobre cristales y encontrarás algunos consejos para limpiar estas piedras semipreciosas.

Una manera de limpiarlas es colocarlas al aire libre, en un lugar donde puedan tomar un baño de sol o de lluvia. De ese modo se les transfiere el chi natural del exterior. Ésta es, en realidad, una buena manera de potenciar los cristales personales de una sola punta.

Llevo la mayoría de mis cristales personales conmigo, tanto si voy a la playa como a las más altas montañas, porque en esos lugares el entorno natural tiene claridad y posee una energía impresionante. Cuando regreses a casa, habrán guardado toda esa poderosa energía natural en su interior. Si colocas una luz brillante sobre tus cristales, esa maravillosa ener-gía se liberará en tu casa. Si quieres, puedes dar todavía más poder a tus rocas y cristales con unos mantras especiales y/o símbolos potencia-dores.

Cuando estén correctamente energizados gracias a los mantras escritos o cantados sobre ellos, esas rocas y cristales disolverán cualquier tipo de energías feng shui negativas que puedan socavar la armonía y la suerte de las relaciones de la gente que habita en tu casa. Cuando añades la dimensión extra de la poten-ciación con símbolos místicos especiales, su efecto se vuelve incluso más fuerte.

Este libro incluye un capítulo a modo de introducción sobre el poder de los símbolos místicos y muestra cómo usarlos para potenciar los objetos como rocas y cristales en beneficio de las viviendas. Esas rocas energizadas se vuel-ven poderosas fuentes de «chi de las relacio-nes», y traen buenas vibraciones a la casa, así que las relaciones se vuelven extremadamente armoniosas.

Para limpiar los cristales se puede utilizar una mezcla de sal marina y de sal mineral.

El ritual de limpieza de los siete días

Yo siempre utilizo un ritual de limpieza muy sencillo. Pongo las rocas y los cristales en remojo en una solución de sal marina y sal mineral durante siete días y siete noches. La sal es muy eficaz para disolver cualquier marca de energías pasadas. Como si de formatear disquetes se tratara, la sal borra todas las vibraciones previas que puedan estar adheridas a las rocas.

105 Preliminares de la potenciación de la energía

Hacer una buena limpieza de tu casa va más allá de quitar los trastos que la obstruyen. Los trastos físicos sólo constituyen una de las capas de la matriz energética de la casa. Para que el hogar sea un verdadero refugio para sus habitantes, tu casa necesita una limpieza física y espiritual.

Introducción a las tareas domésticas espirituales

Deshacerse regularmente de los objetos no deseados o superficiales es el primer paso en el camino de la limpieza espiritual del espacio, pero este primer paso también es un gran salto, ya que el bienestar de cualquier casa y de sus residentes depende de la calidad del campo áurico de la misma. El campo áurico debe limpiarse continuamente para que toda la energía negativa, muerta o asesina, nunca se acumule hasta un nivel en que amenace a los habitantes.

Todo lo relacionado con la limpieza espacial de los campos energéticos perjudiciales siempre empieza en el nivel físico. Deshacerse de los objetos y posesiones no deseados libera la energía estancada y negativa e impulsa la energía de la casa. Pero aún habiendo quitado los objetos físicos, a menudo permanece un resto de energía negativa que debe ser limpiado, y por eso se debe practicar la limpieza de la dimensión psíquica o tareas domésticas espirituales (*véase el consejo 107*).

Seguidamente puedes realizar rituales de potenciación sencillos (*véase el consejo 110*) que aumenten el brillo positivo del campo áurico de la casa. Éstos también potencian la energía de la casa, convirtiéndola así en un santuario seguro, y un lugar muy beneficioso y armónico para vivir, donde los habitantes prosperan hacia una edad de oro madura.

Por dónde empezar

Hay tres preliminares básicos que deben cumplirse para purificar y potenciar el campo áurico de una casa. Es muy importante cumplir estos preliminares antes de emprender cualquier trabajo que raye con lo espiritual, ya que el trabajo psíquico sobre los campos energéticos es invisible e intangible. La energía no se puede ver; tiene que sentirse y percibirse.

Los tres pasos para unas tareas domésticas celestiales

1. Establece tu determinación: fija tu intención y tu sueño de un entorno armonioso. (véase el consejo 106).

2. Tareas domésticas psíquicas: usa incienso, sonidos y técnicas de visualización para purificar tu espacio espiritual (véanse los consejos 107 y 108).

3. Rituales de finalización: dedica tus tareas domésticas psíquicas a los habitantes de tu casa (véase el consejo 109).

Establece tus objetivos 106

Cuanto más fuerte y concentrada sea tu motivación, más éxitos obtendrás. No resulta nada difícil establecer una motivación correcta. No se requieren ni mantras ni plegarias. Ser consciente de por qué estás haciendo algo refuerza mentalmente lo que quieres de tu casa y normalmente invoca sentimientos poderosos y la determinación en tu interior para que puedas seguir adelante con la tarea. También facilita que tu intención consciente sobre tu propósito se funda con tu intención subconsciente. En pocas palabras, establecer una motivación es, por sí mismo, algo muy potenciador.

¿Qué pasa con las expectativas?

Nunca debes obsesionarte demasiado con las expectativas. Hay muchas razones por las que debes adoptar una actitud relajada por lo que se refiere a la limpieza psíquica del espacio. Al igual que cuando se practica feng shui, cuanto más relajado y menos tenso estés, más posibilidades de éxito tendrás. No te preocupes sobre lo que puedas estar haciendo mal. Continúa con tu flujo de energía interior, y ten fe y seguridad en tus propias habilidades innatas. Recuerda que todos estamos bendecidos con la habilidad de comunicarnos directamente con la energía que gira a nuestro alrededor. El simple hecho de concentrar la mente es como presionar el botón de «encendido». Implicar la mente de manera consciente es como darle permiso y dirección para entrar en contacto con los campos energéticos intangibles de nuestra propia existencia.

En los últimos años, se han elaborado muchos trabajos e investigaciones con el fin de aprender algo de estos campos energéticos. Como resultado, se está obteniendo mucha información nueva y se está usando con mucho éxito en el campo de la curación; curaciones que reparan los campos energéticos del cuerpo físico y el campo áurico-mental de la mente, así como el campo áurico del espacio y del tiempo.

De una manera práctica, plantéate una limpieza psíquica de tu espacio a corto o a medio plazo, pero también debes especificarte mentalmente objetivos a largo plazo. Dedica unos cuantos minutos a pensar en los diferentes métodos que contiene este libro, y determina qué rituales quieres utilizar. Recuerda que limpiar y vaciar de trastos las diferentes habitaciones ya ha empezado a mover el chi de tu casa y que la limpieza psíquica del espacio consiste tan sólo en dar un paso más hacia los reinos áuricos espirituales de la casa. Consigue que la limpieza sea más profunda para que sus efectos duren más.

Una vez que hayas generado firmemente tu motivación, el resto será fácil. Cuando hayas emprendido el viaje de la mente, la acción fluirá sin dificultad.

Lista

1. Sé fuerte. Piensa en lo que de verdad quieres en tu casa y en tu vida. Anótalo si te sirve para concentrarte.

2. Ve más allá. Piensa que este proceso mental equivale al proceso de deshacerte de los trastos. Establecer tu determinación es el primer paso para llevar el proceso de reordenación al siguiente nivel.

3. Todo empieza con un pensamiento, una idea o una conversación. Considéralos y descubre a dónde te llevan. Acepta que tus sueños son correctos ahora: no pienses en cómo crees que deberían ser y estarás en el buen camino.

107 Lleva a cabo la limpieza psíquica de la casa

Hay muchos métodos diferentes para realizar la limpieza psíquica. Puedes utilizar incienso y sonidos, por ejemplo, o una combinación de los dos con rituales de limpieza psíquica que conozcas de otras tradiciones espirituales. Pero si quieres conseguir que la limpieza sea poderosa a un nivel psíquico, los rituales que realizas en el nivel físico se deben acompañar de visualizaciones.

Las visualizaciones atraen el poder de tu mente y entran en contacto con lo que yo llamo la «mente universal» –la fuente suprema de toda sabiduría, conocimientos y pureza. Trabajan paralelamente a la mente, pero a un nivel más poderoso.

La limpieza psíquica no significa que debas estar quieto; puedes usar las visualizaciones mientras limpias físicamente para potenciar tu casa con más energía.

Cómo erradicar la negatividad

Empieza tu práctica añadiendo esta dimensión psíquica mientras estás barriendo el suelo de tu casa. A medida que barras, piensa que estás erradicando la mala suerte, las actitudes negativas, la ira y todo lo que puede causar frustración y ansiedad a los miembros de tu familia. A cada pasada de la escoba, visualiza que barres todas estas cosas negativas fuera de tu casa. Piensa que estás utilizando el poder de la fuente universal para hacerlo.

De la misma manera, visualiza cómo la aspiradora absorbe todo lo negativo de tu vida, todas las presiones, tensiones y problemas a medida que la vas pasando por la habitación. Al aspirar toda la suciedad del suelo, imagina que también aspiras lo que te causa dolor, estrés y conflictos.

Cómo absorber la tristeza con sal

Para limpiar las superficies de las mesas, armarios, estantes y muebles, en vez de echar jabón o detergentes químicos al agua, ponle sal mineral. La limpieza psíquica no necesita agentes químicos. Todo lo que se necesita es un trapo húmedo con sal natural y visualizar que toda la energía negativa es absorbida por él, dejando las superficies limpias de energías psíquicas perjudiciales o deprimentes.

Cuando domines el arte de la visualización de esta eliminación de energías negativas, puedes empezar a usar visualizaciones similares cuando limpies el espacio con incienso o sonidos. Por ejemplo, imagina que, con el repique de una campana o la armonía de un cuenco tibetano, todo el chi negativo intangible es absorbido por el sonido y transformado en energía agradable y fresca, que trae felicidad y alegría a la casa. Recuerda que debes acabar tus sesiones de limpieza con dedicaciones (*véase el consejo 109*).

Cuándo se debe realizar la limpieza psíquica 108

Las limpiezas psíquicas pueden ser espontáneas o cuidadosamente planificadas. Más que planearlas con anterioridad, yo suelo dejarme llevar. A veces, cuando me levanto por la mañana y veo que hay signos de que la casa necesita un poco de limpieza psíquica, la hago.

¿Qué signos son esos? Estoy atenta a cualquier pequeño detalle que vaya mal. Puede que sienta la necesidad urgente de esparcir incienso en la entrada de mi casa, y puede que algunos signos aumenten ese sentimiento, por ejemplo que la puerta se atasque; no sé dónde he puesto las llaves, el ordenador se estropea, el perro tira las macetas. Percibo estos pequeños desastres como mensajes del cosmos en forma de dóciles recordatorios de que lo que me rodea necesita una limpieza. Cuando desarrolles una buena sensibilidad hacia tu entorno, te sorprenderás de lo rápido que percibes esas señales. Tu casa te «hablará» a través de la manifestación de esos signos.

La comunicación siempre es simbólica. A veces los signos indican que las energías negativas son fuertes. Algunos ejemplos serían si te levantas con los ojos hinchados, el perro se queda cojo, el coche choca con la puerta del garaje mientras das marcha atrás, te resbalas en el baño o te cortas. Estos signos sugieren que es hora de sintonizar con el espacio que te rodea y llevar a cabo una limpieza espacial a fondo. Conscientemente, sintoniza con el campo áurico de tu casa para que puedas identificar cualquier depósito de energía yin o cualquier esquina en la que el chi pueda estar estancado. Acostúmbrate a permanecer receptivo a los mensajes que tu casa te envía.

Pequeños accidentes, desde una maceta rota a unas llaves perdidas, pueden señalar que existe un desequilibrio energético en tu casa que necesita atención.

Razones para respetar los rituales de finalización 109

Cada vez que repares la energía y los campos áuricos de tu casa mediante el uso de poderosas visualizaciones, debes consagrar unos pocos minutos de tu tiempo a dedicar el proceso a los habitantes de tu casa, ya sean familiares o compañeros de piso. Dedicar así tu tarea conserva la energía del lugar y da por terminado el proceso de limpieza del espacio. También conserva el valor de lo que has hecho para que sus efectos sean más duraderos, y reduce la gravedad de cualquier cosa negativa que pueda pasar a partir de ahí.

La limpieza psíquica periódica de las casas se nota muchísimo. La energía negativa se desvanece y se atenúa. Como el buen feng shui, puede que no te des cuenta de cómo funciona, aunque evita que todo lo malo pase; ése es su funcionamiento.

Los médicos de la corte de los emperadores chinos practicaban la medicina preventiva de una manera muy prudente, ya que si el emperador se ponía alguna vez enfermo podría costarles el trabajo (o incluso la cabeza). De la misma manera, se espera que los consejeros feng shui sean capaces de dar recomendaciones que prevengan fracasos, pérdidas y enfermedades. Los maestros chinos que hacen visitas a domicilio para limpiar los espacios después de una enfermedad o una muerte, por ejemplo, a menudo queman pequeños trozos de papel amarillo en los que escriben dedicatorias especiales para acabar un ritual. Tú puedes hacer lo mismo. Escribe una bendición general para la casa y sus habitantes, como por ejemplo: «Que todos los que viven aquí, vivan armoniosa y prósperamente» y, a continuación, quema el papel. El hecho de quemar el papel sella la dedicatoria en la casa.

110 Potenciación psíquica y aprovechamiento del chi

Existen diferentes maneras de potenciar tu casa y los objetos de su interior de una manera psíquica. Conozco unos cuantos métodos que me han permitido energizar mis joyas y, de esa manera, las han convertido en amuletos y talismanes poderosos que poseen atributos protectores. De la misma manera, los objetos propicios colocados por toda la casa están potenciados de una manera similar. Tal vez es por eso que tengo mucha fe en los símbolos de la buena suerte; a mí me funcionan de maravilla.

Las potenciaciones psíquicas no son lo mismo que las bendiciones. Las potenciaciones implican la mejora de los campos áuricos energéticos –que enlazan con la fuente universal– mientras que las bendiciones invocan a las deidades divinas. Existe una gran diferencia entre estas dos prácticas, y también en cuanto a su intensidad. Las bendiciones son siempre más poderosas que las sencillas potenciaciones psíquicas. Las bendiciones más poderosas provienen de lamas y yoguis muy versados, aunque las que proceden de nuestros padres y de los mayores que han vivido una buena vida, o de los profesores que han desarrollado la comprensión espiritual, también son muy poderosas.

En las instituciones taoístas de Hong Kong, Taiwán y China, que tienen maestros residentes mayores, los discípulos aprenden valiosas técnicas taoístas para aprovechar el chi, que son similares a la potenciación psíquica. Estas técnicas son secretas, ya que no son universalmente conocidas, aunque, en los últimos años, una buena parte de estas valiosas enseñanzas está cada vez más al alcance de todos. Los métodos taoístas para potenciar la energía se basan en una comprensión correcta del chi, que es la fuerza de la vida. También es la esencia central de la filosofía y la magia taoístas. De acuerdo con los maestros taoístas, todo es y contiene chi.

Los maestros taoístas tienen un conocimiento de los símbolos poderosos que les ayuda a aprovechar la energía del chi en los rituales.

Chi y chi kung

En general, el estudio del chi se puede catalogar como chi kung, una práctica que normalmente se estudia por razones de salud. Existen diversas ramas de chi kung. Las más conocidas hoy por hoy son los ejercicios físicos que implican técnicas de respiración que atraen el chi hacia el interior del cuerpo. Este tipo de chi kung es excelente para mantener una buena salud.

Otro tipo de chi kung es el que incluye las visualizaciones. Esta práctica eleva la conciencia del practicante hacia la naturaleza y también su sensibilidad hacia la calidad del chi que le rodea. Son métodos que aumentan la conciencia psíquica y las potenciaciones energéticas.

Busca un profesor que te enseñe técnicas de potenciación

III

Muchas de las técnicas de potenciación se enseñan sólo a los discípulos aventajados del chi kung, del kung fu o del taoísmo, es decir, a aquellos que han conseguido dominar los ejercicios físicos a un nivel elevado. Buena parte de las enseñanzas consiste en meditaciones de pie y sentados, visualizaciones creativas y ejercicios de respiración. Tuve mucha suerte al tener el buen karma para que me dieran la oportunidad de aprender las técnicas meditativas y las visualizaciones sin tener que pasar por el largo período de aprendizaje para dominar estos ejercicios físicos. Me advirtieron de que mi cuerpo podría sufrir si realizaba las meditaciones bajo un estado de estrés o de tensión, ya que eso magnificaría su impacto negativo sobre mi organismo. Aunque no había perfeccionado muchos de los movimientos y ejercicios físicos, me dijeron que debería aprender, como mínimo, a relajar mi cuerpo y liberarlo de toda tensión cada vez que me sentara en la esterilla de meditación para desarrollar mi capacidad mental de visualización.

Aprender a visualizar

La clave, me dijeron, consiste en estar tan relajado y despreocupado como te sea posible. Las visualizaciones ganan claridad y fuerza solamente cuando uno tiene la habilidad de permanecer desapegado de su entorno y no distraerse. En el proceso, uno también se vuelve capaz de acceder a otras dimensiones de la conciencia.

Descubrí que los sencillos ejercicios meditativos del chi kung en los que se practican visualizaciones mentales están dentro del alcance de la capacidad de todos. Encontrar un buen profesor es muy útil. Es importante encontrar un profesor que pueda impartir algunos de los muchos secretos de la parte de la práctica del chi kung que limita con la magia taoísta.

Yo misma me he encontrado con algunos grandes maestros. Algunos han fallecido, ya que fui pupila suya cuando todavía era muy joven, y los pocos ejercicios que aprendí de ellos cuando tenía veintitantos años me han sido de mucha utilidad. Por lo que a la salud se refiere, los ejercicios que aprendí han sido maravillosos a la hora de mantener mi juventud y mi vigor. Pero también he tenido la gran suerte de estar bajo la tutela de algunos yoguis muy versados, grandes maestros espirituales profesionales con habilidades de meditación y visualización muy desarrolladas. Conocí a mi más apreciado profesor en 1997. Él es mi maestro budista y mi gurú más querido, Lama Zopa Rinpoche. De todos modos, las enseñanzas de Rinpoche se centran en la limpieza de la mente más que del espacio, y la motivación que se esconde detrás de sus métodos se dirige hacia la creación de un corazón bueno que conduzca a la iluminación, más que a la creación de riqueza material.

Lo que descubrí fue que, practicando más a menudo la meditación espiritual, mi habilidad para limpiar psíquicamente mi espacio físico experimentó un cambio significativo en cuanto a efectividad. Así que te recomiendo enérgicamente que busques un profesor si quieres aprender a potenciar tu energía.

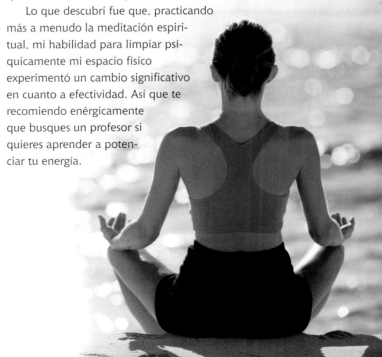

La práctica de la meditación y la visualización bajo la orientación de un profesor aumenta tu capacidad para transformar el ambiente de tu casa.

112 Ilumina el campo áurico del cuerpo humano

Todos tenemos la habilidad de sentir la energía o el chi con nuestras manos y, a partir de ahí, recibir y transmitir la energía a los espacios y objetos, e incluso a otras personas. Así es como se realiza la curación. Por ejemplo, es posible desarrollar sensibilidad en las manos para recibir energía del sol y de la luna que refuerce e ilumine tu campo áurico personal.

Todo lo que necesitas es práctica. Piensa en el cuerpo humano como si estuviera formado por tres columnas centrales de energía, y luego piensa en las fuerzas circulares que giran en torno al cuerpo, desde la cabeza hasta los pies. Cuando aprendas a recibir la energía del sol o de la luna, ésta se transmitirá a tu campo áurico, reforzándolo.

Cuanto más pienses y visualices el campo áurico de tu cuerpo, más fácilmente podrás visualizar los campos áuricos similares que rodean a los objetos. Todo lo que existe en el Universo posee una energía vibratoria que lo rodea. Usando tus manos, puedes transmitir energía para reforzar los campos áuricos de los objetos. Las tareas de potenciación energética se realizan en estos campos áuricos, para que, cuando consigas reforzar la parte positiva yang de esos objetos, emitan chi de la prosperidad, positivo o protector, dependiendo de su significado simbólico.

Cuando sepas hacerlo, podrás potenciar el campo áurico de tu casa, así como el de los objetos especiales de su interior. Es una técnica sorprendentemente gratificante que se utiliza y aplica para complementar la práctica del feng shui. Usar la visualización y trabajar el chi y los campos áuricos es una práctica muy potente y muy propia del feng shui.

Puedes aprender a recibir la energía positiva de la naturaleza mediante la sensibilización de tu cuerpo hacia el entorno.

Sensibiliza tus manos   113

El primer paso para potenciar la energía consiste en desarrollar la sensibilidad de tus
manos hacia la energía, lo que se consigue
mediante unos cuantos sencillos ejercicios. Para
trabajar la energía, deberías también saber
cómo capturarla, sentirla y, progresivamente,
transmitirla. Las manos son el mejor instru-
mento para trabajar porque se dice que la
superficie de las palmas es la más sensible a las
vibraciones del chi. Empieza por frotar una
mano contra la otra en un movimiento de arriba
abajo, empezando lentamente primero y luego
con más fuerza. Sentirás una sensación cálida,
un cosquilleo en las manos. Esta calidez es muy
beneficiosa para la vista. Presiona tus ojos con la
palma de las manos para sentir la energía.

Energiza tus palmas

Estos ejercicios ayudan a sensibilizar la palma de tus manos:

1. Levanta las
palmas delante de
ti. Utilizando los
pulgares, frota tus
dedos de manera
que las palmas se
abran y se cierren.
Repítelo unas
veinte veces.

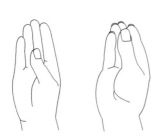

2. Frota las palmas
una contra la
otra continua-
mente hasta que
sientas calor.
Siente la
suavidad o la
aspereza de tus
palmas.

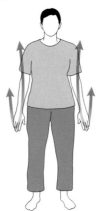

3. A continuación, con las
piernas separadas a unos
30 cm de distancia, deja
caer las manos a los
lados. Con las palmas
orientadas hacia tu
espalda, balancea los
brazos adelante y atrás
unas veinte veces, tan
arriba como tus brazos
alcancen sin esforzarse.
Deja tus brazos sueltos.
Eso hace que el chi se
mueva por todo el
cuerpo.

4. Ahora gira las palmas
hacia tus lados y golpea
los costados de tu
cuerpo suavemente con
ambas palmas, con un
movimiento hacia arriba
y abajo, veinte veces.
Siente el movimiento de
tus brazos. Esto mueve
todavía más el chi.

5. Para terminar, eleva ambas palmas frente a ti, la una contra la otra,
a unos 20 cm de distancia. Mantén esa posición durante
aproximadamente un minuto. Ahora serás capaz de sentir el chi entre
tus manos. Mueve lentamente tus palmas hacia fuera para sentir la
expansión del chi,
y a continuación
muévelas hacia el
interior para sentir
cómo se vuelve a
contraer. Como si
sujetaras una pelota
entre las manos,
imagina que la
pelota se expande
y se contrae.

Si no sientes el chi de inmediato, la práctica de este ejercicio durante
unos cuantos días debería ser suficiente. Cuando seas capaz de sentir
el chi, estarás preparado para recibir y enviar energía con tus manos.
Podrás empezar a hacer sencillas potenciaciones energéticas. Cuanto
más practiques, más sensibles se volverán tus manos.

114   Usa tus manos para enviar y recibir energía

Practica el envío y la recepción de energía con tus manos hasta que las acostumbres a la sensación de la energía. La energía del cosmos que nos rodea se percibe de diferente manera según la persona. No todos sentimos la sensación del cosquilleo; algunos sentimos la energía en forma de calidez y otros sienten una sensación imposible de describir. La mayoría de la gente no es consciente de que tiene la capacidad de recibir chi del sol, de la luna, de las plantas, de los árboles, de las flores, etcétera. La energía puede ser negativa o positiva, y nuestras manos son sensibles a ambas. Si recibimos energía o no lo deciden los procesos del pensamiento. Sólo cuando la mente sintoniza con la energía y se concentra en recibirla le es transmitida.

Así que, una vez que hayas sensibilizado tus manos, practica escuchando la energía de tu casa. Coloca ambas palmas planas sobre las paredes, moviéndolas lentamente por su superficie en el sentido contrario al de las agujas del reloj. Eso elimina la energía pasada y, si escuchas la energía, empezarás a captar el sentimiento que transmite. La buena energía es normalmente alegre, mientras que la mala transmite miedo, ira y depresión. Camina siguiendo las paredes de cada habitación al menos una vez, para conseguir una impresión de su energía.

Cuenco tibetano

Maza de madera

Completa la limpieza del espacio con símbolos de protección como el Pi Yao chino.

Cómo limpiar el aire

Si te sientes agotado, quizá sea porque tu entorno absorbe tu energía. Tu casa está hambrienta de energía fresca yang. Dale un baño de aire o de sol abriendo todas las puertas y las ventanas durante un rato y encendiendo luces brillantes durante la noche, al menos durante unas cuantas horas.

Si te sientes enfadado, frustrado, deprimido o experimentas algún tipo de emoción negativa, la energía de tu casa necesita una limpieza urgentemente. Puede que existan demasiados residuos energéticos de alguna discusión o enfrentamiento anterior. Deberías llevar a cabo una limpieza espacial con un cuenco tibetano y una maza de madera (*véase el consejo 69*).

Si sientes que el miedo se apodera de ti, la energía de tu casa está dominada por el chi asesino. Busca las flechas envenenadas que puedas haberte olvidado, como esquinas con cantos afilados, fotografías hostiles o combinaciones de colores poco acertadas. Usa un cuenco tibetano para limpiar el espacio rápidamente como medida provisional, y luego compra imágenes de criaturas celestiales y protectoras como los perros Fu, Chi Lins, Pi Yaos, tortugas y dragones. Son capaces de desvanecer el chi asesino.

Si sientes náuseas, o de repente tienes dolor de barriga, o de cabeza, es un signo de que hay chi de la enfermedad. Debes usar incienso para limpiar el espacio.

Crea una burbuja protectora de luz azul   115

A aquellos de vosotros que estén familiarizados con la visualización creativa, o a aquellos que han practicado alguna vez la meditación, les resultará fácil crear mentalmente un campo de fuerza.

1. Primero, colócate en el centro de la habitación. Eleva ambos brazos hacia arriba con las palmas abiertas y mirando hacia fuera. Inspira profundamente a la vez que elevas los brazos, y a continuación baja la palma de tus manos unos pocos centímetros. Expira. Repite este ejercicio tres veces para despertar el chi. Visualiza que recibes la energía del universo en forma de una luz dorada.

2. Mantén las manos con las palmas abiertas y mirando hacia el cielo como si recibieras energía del universo. Siente el chi sintonizando con la palma de las manos. Aguanta en esa posición durante unos cuantos minutos. Cuando sientas una sensación de cosquilleo en las palmas, gíralas lentamente hasta que se queden una mirando a la otra. Tus manos todavía están muy por encima de tu cabeza.

3. Lentamente, baja las manos, imaginando que sostienes una esfera transparente y protectora de luz azulada entre las palmas de tus manos. Aguanta la esfera de intensa energía luminosa.

4. A continuación, separa las palmas muy lentamente e imagina que la esfera de luz crece más y más. Ahora imagina que la energía de la esfera de luz se vuelve más brillante y más grande hasta que es más grande que tú, más grande que la habitación, más grande que la casa, que tu piso, hasta que su luz protectora envuelve toda la casa o el bloque de apartamentos. Nada negativo puede penetrar el campo de fuerza creado por esa esfera de luz.

5. Concéntrate profundamente en esa aura protectora que envuelve tu casa. Convéncete de su poder. Ahora visualiza suavemente la luz azul protegiendo completamente tu casa, apartamento o habitación. Piensa «Éste es el campo energético de mi espacio/casa/habitación. Nada perjudicial puede penetrar este campo energético». Ayuda mucho tener una imagen de tu casa en tu mente, sobre la cual puedas ver esa burbuja protectora de luz azul. Piensa en esta burbuja de luz como en un halo protector alrededor de tu casa.

116   Crea un campo de fuerza de chi protector

Antes de llevar a cabo cualquier tipo de tarea de potenciación energética, acostúmbrate a crear un campo defensivo de chi guardián alrededor de la casa. Eso asegura que, si te molesta cualquier ruido o te distrae cualquier entidad errante, no serán capaces de penetrar en tu burbuja de luz. Es como construir un escudo invisible que defiende la casa para que su energía no sucumba a los ataques del chi hostil. Lo conseguirás desarrollando tu capacidad de visualización concentrada. Todos tenemos esa habilidad, todos podemos crear mentalmente visualizaciones poderosas. Las imágenes que construyes tienen un poder misterioso que puede canalizarse hacia la creación de un campo de fuerza energético que proteja la casa.

Este campo de fuerza defiende la casa de muchas maneras. Primero, evita que el chi hostil penetre en el aura natural de tu casa; evita que cualquier persona con intenciones ocultas respecto a los habitantes entren en casa, y actúa como una barrera invisible contra los espíritus errantes que coexisten con nosotros en una dimensión diferente. El poder del campo de fuerza que construyas dependerá de la fuerza de la concentración que utilices para crearlo. Generalmente, cuanto más en sintonía con la energía de tu casa estés, más cerca de su espíritu estarás y, por eso, tu campo de fuerza se verá más potenciado. La afinidad con el espíritu de tu casa potencia tus visualizaciones con una fuerza tremenda. Este tipo de potenciación no se puede usar nunca para perjudicar; funciona mejor cuando tu motivación es pura. Por ejemplo, cuando los padres están motivados para proteger a sus hijos, sus visualizaciones mentales tienen mucha fuerza, ya que la energía que se esconde detrás de la imagen mental es el amor incondicional, cuyo espíritu tiene un gran poder.

117   Otra manera de crear la protección de la luz azul

Visualiza un halo de luz azul por encima de tu casa que emita rayos de luz protectores hacia ella. Con este método, el campo protector proviene de encima de la casa en vez de envolverla. Tanto éste como el método que hemos descrito en el consejo 115 serán tan eficaces como tu mente considere que lo son. Son maneras excelentes de proteger tu casa durante la noche, cuando todos duermen, y para preservarla de robos y de incendios. Si practicas estas visualizaciones de manera regular, tu casa disfrutará de una serenidad maravillosa, el tipo de armonía que procede de ser una unidad con el cosmos. Esto es porque extraes la energía vital del universo y la canalizas hacia tu casa, haciéndola vibrante y llena de chi yin-yang fuerte, que también es el tai chi universal. Realiza este ejercicio de visualización mental regularmente. Te sorprenderás de lo mucho que dominarás este ejercicio después de practicarlo durante una semana.

Si vives en un piso, puedes imaginar que una burbuja protectora de luz azul recubre todo el edificio, y todos los que viven en él también disfrutarán de los beneficios de tu magnífica visualización.

Practica con una concentración determinada y profunda; recuerda que no estás utilizando tu propia energía para potenciar tu casa con chi protector, sino que estás usando energía del cosmos. Nunca debes tener miedo de quedarte agotado con este ejercicio. Asegúrate siempre de que no estás tenso. El gran secreto del éxito en las tareas de visualización es la capacidad de generar una conciencia relajada del subconsciente sintonizado con el cosmos.

Un ritual del suelo a la hora del dragón 118

La casa también obtiene una buena parte de su fuerza y de su vigor del suelo en el que está construida. Cuando la energía de la casa se cansa, o está tensa por la excesiva acumulación de energía yin en su interior, un método eficaz de revigorizarla consiste en sacar energía del suelo.

Imagina que tu casa tiene un cordón que la mantiene ligada con el suelo, como una gran raíz tubular, conectando su centro a las entrañas de la tierra. Concíbelo como una gruesa raíz que se adentra en lo más profundo del suelo y emana miles de pequeñas raíces hacia el exterior que absorben la energía de la tierra y luego la transmiten a la casa.

Ésta es una visualización muy potente para revitalizar la energía de la casa. Atrae el poderoso chi de la tierra hacia la casa y está especialmente indicado para potenciar la suerte de las relaciones de todos sus habitantes. Visualiza cómo la raíz se mete en el suelo y transmite la poderosa energía de la tierra a la casa. Piensa que es como una cuerda de amarre que tiene la capacidad de equilibrar el chi de tu casa, dando fuerza y vigor a la energía de sus cimientos.

Esta potenciación es excelente cuando sientes que todo el mundo está contra ti, cuando no te sientes querido y necesitas un amigo. Crea una energía muy confortable cuando estás pasando por un período depresivo o cuando tienes más de un problema con las relaciones y los chismorreos en la oficina.

La potenciación de la cuerda de amarre debería realizarse temprano, durante la hora del dragón, entre las 7 y las 9 de la mañana. Es el momento en que la visualización es más eficaz.

Al mismo tiempo, observa las proximidades inmediatas de la casa. Asegúrate de que no hay árboles demasiado cerca de la casa. Si los hay, cerciórate de que sus hojas y su follaje no ensombrezcan la casa hasta el punto de que la energía del sol, dadora de vida, quede eclipsada. Las raíces de los árboles cercanos también molestan a la cuerda de amarre invisible de la casa, y eso provoca que sus habitantes experimenten inestabilidad y desequilibrio. El resultado es una pérdida súbita de ayuda de los amigos y también de los colegas. Cuando percibas una situación como ésta, sal fuera y colócate enfrente de tu casa por la mañana, inspira profundamente y, estirando las dos manos frente a ti, visualiza una luz amarilla muy potente en el centro de tu casa, en su base. Visualiza cómo la cuerda de amarre se llena de luz amarilla y sigue todo su recorrido hasta la tierra con tu mente. «Mira» mentalmente cómo las raíces se iluminan a medida que tu mente las toca con tu conciencia. A continuación, siente cómo la energía sale de ella hacia arriba, hacia tu casa, estabilizándola y centrándola.

Dedica unos minutos a fijar la imagen mental de tu casa con su cuerda de amarre iluminada en un despliegue de luces, como las raíces que crecen en lo profundo de la tierra.

Piensa: «Estoy potenciando nuestra casa con la energía de la tierra de su suelo. Así se restaurará la estabilidad en nuestra casa, devolviendo la poderosa suerte de las relaciones a nuestras vidas».

Símbolo del dragón con su correspondiente signo caligráfico.

119 Sintoniza con el espíritu guardián de la casa

Todas las casas tienen espíritus guardianes. No son lo mismo que las entidades o parásitos de otras dimensiones cósmicas. El espíritu de la casa no es una entidad, ni un fantasma, y decididamente no es una divinidad. No debes pensar en él como tal. El espíritu de la casa es tan sólo eso, el espíritu. Cuando el espíritu de la casa está feliz, un aura de felicidad lo invade, y cuando está insatisfecho, en cambio, emana vibraciones de desolación e insatisfacción.

Por eso es una buena idea pensar en el espíritu de la casa como en la suma total de su energía, que reacciona ante los acontecimientos y la gente que la ocupan. Pocas personas se dan cuenta de que el espíritu de la casa sigue el ejemplo de sus habitantes, y que la suma total de las vibraciones energéticas emanadas por esos habitantes juega un papel muy importante a la hora de determinar la calidad de la energía de la casa.

Por ejemplo, cuando los habitantes permiten que su ira explote, con frecuencia en batallas verbales violentas, la casa se enfada. Cuando un patriarca fiero y tirano, la persona más dominante de la casa, subyuga a todos los demás, la energía estará dominada por los sentimientos de miedo. Por ese mismo motivo, por la influencia humana que se ejerce en la energía espacial, las prisiones tienen una energía tan terrible, los hospitales están llenos de chi de la enfermedad, y las estaciones de policía están dominadas por un sentimiento de violencia y de dureza.

Los hogares tienen personalidad

Los edificios absorben su energía de sus ocupantes. El flujo de influencias del chi refleja el chi dominante de sus habitantes. Cuando sintonizas con el espíritu guardián de los edificios, ellos condensan las energías de los sentimientos que tienen los habitantes dentro de ellos. Un hogar feliz tiene un espíritu feliz. Un aire alegre atrae vibraciones positivas, mientras que una atmósfera abatida atrae reacciones y resultados negativos.

La limpieza del espacio no se termina al realizar la limpieza espacial de la casa física. Es necesario, incluso vital, limpiar la suciedad negativa que reside en la mente. Al conseguirlo, te liberarás a ti mismo y a tu entorno de todas las peleas, estrés y tensiones que causa la creación de un exceso de chi negativo.

Puedes decorar tu casa con símbolos que sinteticen su espíritu. Si la ubicación de tu casa es característica, la decoración será acorde con ella; una residencia a orillas de un río puede estar decorada con motivos náuticos y conchas que reflejen la presencia de un espíritu protector.

Limpia tu mente de trastos   120

Hay mucha suciedad en nuestras mentes, que se ha ido acumulando a lo largo de los años, consciente e inconscientemente. Guardamos pensamientos basura en los diferentes compartimentos de la mente desde el momento en que nacemos y, como la mente tiene una capacidad de almacenamiento infinitamente poderosa, no somos conscientes del excedente de información que tenemos guardado. Con el paso del tiempo, acumulamos experiencias tristes que refuerzan actitudes negativas. No hacen mucho bien a nuestro sentido del bienestar y a nuestro estado de ánimo. Los recuerdos deprimentes, que se van reforzando con el tiempo, conducen a la frustración, a la ira, a los celos, a los apegos nocivos, al estrés, y a posibles miedos y fobias. Seremos más felices como individuos si reducimos la intensidad y la cantidad de nuestra basura mental o, incluso mejor, si la eliminamos por completo. Como resultado, la carga que confunde al cerebro, que niega nuestra capacidad de pensar de una manera racional y serena, se aligerará.

¿Qué nos lleva a realizar una limpieza mental?

La basura mental debe limpiarse incluso más a menudo que la basura física. Pero limpiar la basura física es lo que empieza el proceso general de limpieza que afecta a la mente. Actúa como un catalizador.

Miles de libros se han escrito sobre el almacén de la memoria de la mente, hasta se han realizado investigaciones sobre nuestra capacidad retentiva, el consciente y el subconsciente, la manera en que recordamos y utilizamos la información, y, sobre todo, cómo nuestro comportamiento y actitudes están directa e indirectamente influencia-

Cada día absorbemos un aluvión de información útil e inútil que se acumula en forma de suciedad mental negativa.

dos por todo lo que vivimos, oímos, vemos, aprendemos y digerimos. Se cree que la mente es tan poderosa que no olvida nada. Y si creemos todo lo que actualmente se dice sobre las vidas pasadas y los recuerdos que la gente tiene de ellas, parece que la mente tampoco no olvida nada de lo que ha experimentado en otras vidas. Esto conlleva que no sea fácil deshacerse de la negatividad de la mente. Además, cuando consideramos el volumen de información que guarda —experiencias, sentimientos, actitudes— seguramente los objetos inútiles que tenemos en casa no son nada comparado con los trastos que obstruyen nuestra mente.

Un ritual para despejar la mente

Cierra los ojos (sin dormirte) y sintoniza con tu mente. Observa los pensamientos que fluyen en ella. Observar tu mente hará que seas consciente del número de pensamientos al azar que entran y salen de tu conciencia. Practica esto cada vez que te sientas enfadado, frustrado o estresado. Hazlo cada vez que recuerdes el nombre de alguien que consideras importante, o que se discuta un asunto que estás debatiendo. Observa tu mente y siente lo que está dentro. Intenta esto también mientras estás estudiando, trabajando o concentrándote. Te sorprenderás de la cantidad de pensamientos basura que interrumpen tu reflexión. Despejar la mente de pensamientos negativos e irrelevantes mejora la concentración y reduce tu tensión y tus miedos. Decídete a practicar este ejercicio; te proporcionará una liberación emocional que te conducirá a tener una vida menos estresada y enervante.

121 Zanja tus fobias de víctima y de perdedor

Muchos de nosotros padecemos fobias relacionadas con el miedo a equivocarnos. Es lo que yo llamo «fobia del perdedor». Íntimamente ligada a esta fobia, existe el miedo a ser la víctima, a ser estafado o embaucado. Los miedos son la suma de toda la porquería o experiencias negativas guardadas en nuestras mentes. Los médicos e investigadores clínicos han descubierto que las llamadas «fobias irracionales» están enraizadas en los traumas pasados enterrados en lo profundo de los recovecos de nuestra mente. De manera similar, los recordatorios físicos de los malos episodios que hemos vivido –cosas que tenemos escondidas al fondo de los cajones, de las cómodas y en las esquinas oscuras– están conectados con los recuerdos que, a primera vista, parece que hayamos olvidado.

Dos de los grandes miedos de la humanidad –que parece que son la causa raíz de muchos otros miedos– son los relacionados con ser una víctima o un perdedor. Estos miedos raíz nos impiden relacionarnos con nuestro yo superior.

Las experiencias pasadas pueden actuar como suciedad emocional negativa que nos puede conducir a adoptar un papel de víctima o de perdedor como adultos.

Ritual para avanzar

Intenta liberarte de tus mecanismos de defensa.

1. Sé consciente de los patrones que siguen tus respuestas y reacciones respecto a la gente y las situaciones, a continuación respira profundamente, sonríe para ti mismo y déjate llevar.

2. Repítete: «No hay necesidad de gritar, llorar, enfadarse o perder los nervios, ninguna necesidad. No hay necesidad de tener miedo, de culpar a alguien, y no importa quién tiene razón y quién no. Ahora soy consciente de la situación y le voy a hacer frente porque puedo con ella».

3. Si te lo repites con bastante frecuencia, te desharás de un montón de comportamientos negativos y nocivos. Inténtalo y te sorprenderá agradablemente lo rápido que desaparecen las situaciones difíciles.

Nos roban nuestra vitalidad para alcanzar el cielo. Nos hacen retroceder al pensar en quiénes somos y quiénes podemos llegar a ser. El miedo a perder y el miedo a ser una víctima son los obstáculos más importantes en el camino hacia el éxito. Si no despejamos la mente de recuerdos subconscientes que alimenten estos miedos, siempre viviremos con miedo, sin confiar en lo desconocido.

Los efectos de las «víctimas» y de los «perdedores»

Las fobias de la víctima y del perdedor sabotean las relaciones y hacen que la gente se comporte de una forma autodestructiva. Observa cómo reaccionas ante situaciones en que te equivocas o en que las cosas van mal. Fíjate en la manera en que interactúas con los amigos y con la gente enervante de tu trabajo. Sé consciente de lo que te irrita, de lo que te hace ponerte a la defensiva o de lo que te cohíbe. Si descubres que constantemente estás buscando a alguien a quien echar la culpa de lo que te sucede, padeces la fobia de las víctimas. Si constantemente te sientes obligado a explicarte, o normalmente te pones a la defensiva quejándote en voz alta, incluso por las cosas más insignificantes, podrías padecer la fobia del perdedor.

Limpia la mente de actitudes nocivas   122

El mayor obstáculo para limpiar la mente de fobias nocivas y negativas es la autocomprensión que debe preceder a la limpieza. Cuando hayas analizado todo aquello que tienes en tu mente y seas capaz de admitir tus miedos, raramente necesitarás que nadie más sea consciente o incluso participe en tus ejercicios de limpieza mental. De todos modos, habrá quien se sienta necesitado de una orientación o de un terapeuta que, a través de procesos de pensamiento dirigidos, le conduzca a admitir que tiene miedo, y que sencillamente se evaporará cuando se dé cuenta de que lo tiene.

Limpia las actitudes nocivas

Igual que la energía negativa espiritualmente cargada, que cuesta tanto limpiar por completo, las fobias de comportamiento también están profundamente arraigadas en nosotros y por eso no se pueden eliminar de la mente de la noche a la mañana. De todos modos, cuando empieces a ser consciente de ti mismo, el hecho de que aceptes tu vulnerabilidad permitirá que empieces la limpieza de las malas actitudes. El miedo al dolor, a la ira, al rechazo y a la frustración pasa a forma parte de la vida. Las situaciones y relaciones difíciles se convierten en algo a lo que no se debe temer, sino que deben ser tratadas y superadas. Concebir las relaciones y las situaciones de esta manera requiere un cambio de postura que sólo se puede dar cuando las actitudes autodestructivas y negativas desaparecen, se eliminan, se desechan y se limpian.

Consigue una actitud yang

La actitud es algo que se puede aplicar a todas y cada una de las cosas que nos pasan. El yin y el yang de una actitud no son nada más que las dos caras de una misma situación, de la misma persona. Depende totalmente de nosotros qué cara queramos ver, y ante qué cara solamos y

Una actitud yang ayuda a mantener amistades basadas en la confianza y en la positividad.

queramos reaccionar. Incluso cuando vemos la situación o la persona con la que interactuamos como una persona yin, todavía podemos reaccionar positivamente, de una forma yang. Cuando creamos el hábito de reaccionar de una manera yang, estamos creando una pauta vinculada al yang para el futuro y desechando la pauta vinculada al yin.

Las pautas vinculadas al yang son muy revitalizantes. Abren las puertas a las oportunidades y a las relaciones positivas. Por otra parte, las pautas vinculadas al yin cierran las puertas a estos acontecimientos. Crean enemigos y empeoran las cosas. Provocan la formación de más obstáculos en la mente, obstáculos que refuerzan las respuestas autodestructivas y las pautas vinculadas a ellas.

123   Líbrate de las conductas autodestructivas

Tener una conducta autodestructiva conlleva que nos apartemos de la gente. Esto se da cuando jugamos con las personas, poniéndolas al límite, aparentemente insensibles a su infelicidad. A veces, cuando jugamos a ese juego nos olvidamos de que cada una de nuestras acciones comporta una reacción igual y opuesta. Las percepciones basura que tenemos dentro nos hacen comportar de esta manera autodestructiva.

¿Qué es el ego-basura?

Se crea a partir del egoísmo del autoengrandecimiento. He visto a muchísimos buenos profesionales alcanzar unas cotas de realización y logros que sólo les han servido para autodestruirse cuando han permitido que la basura de su propia retórica les cegara ante la realidad. Son personas que dejan que la euforia de los éxitos haga entrar una cantidad tan enorme de basura en sus mentes que pierden su claridad natural.

En los últimos años, hemos visto el fenómeno de la humillación de famosos presidentes comerciales –lo que la revista *The Economist* llama «ídolos caídos»–, en el que los superhéroes de éxito más destacados del mundo de los negocios se han autodestruido porque olvidaron limpiar sus mentes de la porquería de la jerga y de la retórica que les rodeaba. Se han creído a sus propios relaciones públicas y a sus máquinas de publicidad, olvidando qué fue lo que les trajo el éxito en primer lugar, y completamente abrumados por los millones de palabras de elogio amontonadas sobre su figura. Muchas celebridades sucumben a este tipo de acumulación de basura mental. Cuando sus mentes se sobrecargan de cosas superficiales, no pueden con el peso y son incapaces de distinguir entre lo bueno y lo malo, no saben ni quiénes son sus

Incluso los que disfrutan del éxito en sus opulentos estilos de vida deben ser conscientes del ego-basura, ya que los elogios y los bellos objetos se acumulan de la misma manera que la basura mental.

verdaderos amigos. La basura mental suele crear una confusión masiva.

La basura puede tener muchas formas, pero la peor es cuando provoca un comportamiento autodestructivo, así que cuidado con los elogios excesivos. No permitas que entre en tu cabeza demasiada retórica sin sentido. Pon los pies en la tierra. Tal como te sugerí que hicieras con tu casa, crea una cuerda de amarre que te mantenga firmemente cogido al suelo y no en las nubes. Cuando vuelas demasiado alto, puedes ir más allá de la fuerza de gravedad y entonces no eres capaz de sentir el peso de la suciedad que tienes en tu cabeza. En este estado de ánimo, puedes autodestruirte.

Deshazte del síndrome de la soledad: adopta una mascota

Algunas personas padecen lo que yo llamo el «síndrome de la soledad». Normalmente han estado solos durante tanto tiempo que llenan sus cabezas de pensamientos en los que están solos, no merecen ser amados y están convencidos de que no son lo bastante atractivos, ni lo bastante hermosos, ni lo bastante interesantes. La gente así normalmente desiste en el tema del amor y suele sufrir las consecuencias secretas, pesadas y deprimentes de tener una autoestima muy baja. Puede que tengan un éxito enorme en su vida profesional,

pero cuando se trata de otros seres humanos, se esconden detrás de una pared invisible. Puede resultar una situación muy triste.

En el pasado, este tipo de actitud fue desechada como una falta de interés en el estado del matrimonio. Pero en los últimos tiempos se ha reconocido como un tipo particular de síndrome, una pauta de comportamiento que se repite debido a algún trauma muy arraigado que convence al sufridor de que él o ella está hecho para estar solo, de que está destinado a estar solo o de que es mejor estar solo.

El spaniel y la solterona

Una buena amiga mía me confesó un día que estaba convencida de que era físicamente horrorosa y que estaba destinada a pasar la vida como una solterona. Tenía una inteligencia superior y era una brillante directora financiera; para la empresa en que trabajaba valía su peso en oro. Pero según mi punto de vista se aferraba a su éxito profesional con tanta intensidad para camuflar una intensa soledad. En sentido figurado, había corrido las cortinas de su ventana para protegerse del rechazo y de esa manera hacía que la gente se apartara inconscientemente de ella. Le resultaba difícil desarrollar cualquier tipo de relación no profesional con los demás, especialmente con los hombres. De hecho, ansiaba desesperadamente encontrar un alma gemela, casarse, tener una familia e introducir una cierta apariencia de domesticidad en su vida. Pero padecía el síndrome de la soledad tan profundamente que apartaba a cualquier persona que amenazara con acercarse demasiado a ella.

Así que intenté darle una solución feng shui. Imaginé que necesitaría energía yang en su casa, así que le regalé un adorable spaniel de pelo largo y dorado, el tipo de perro que no puedes evitar querer. El cambio en ella fue sorprendente. Poco tiempo después de que la mascota entrara en su casa, se

transformó en alguien diferente. Literalmente revivió en la oficina. Su voz era cálida y hablaba con todos de una manera relajante. El adorable spaniel estaba loco por ella. Por primera vez, se dio cuenta de que era merecedora del amor y de que podía amar. No hace falta decir que el síndrome de la soledad que la había tenido encarcelada desapareció por completo. Poco después, encontró a alguien especial y se fueron a vivir juntos. Más tarde me confesó que Jasper (el spaniel) había hecho que se enfrentara a la suciedad que se había acumulado en su mente sobre el tema del amor.

125 Supera tu bagage emocional

Todos estamos acosados por nuestros diferentes bagajes emocionales, actitudes mentales y prejuicios que nos atrapan con fuerza y nos hacen reaccionar de forma negativa delante de la gente y de las situaciones. Todos hemos tenido algún problema con las mascotas, complejos y formas individuales de aversión hacia determinadas personas, lugares y circunstancias. Todo esto conforma nuestro bagaje emocional, que, en los casos en que es menos perjudicial, es molesto y, en el peor de los casos, provoca iras y rencores que pueden durar toda la vida. El bagaje emocional adopta la forma de desprecios e insultos sin perdonar, el almacenaje del rencor, los apretones de puños y el recuerdo de la traición. No dejo de sorprenderme por la profundidad de los sentimientos apegados al pesado bagaje emocional, y me pregunto cómo alguien es capaz de soportar su peso durante tantos años. Es mucho más adecuado seguir sin ese bagaje. Es más sencillo dejar que los recuerdos de traición, abuso, insulto o desprecio se evaporen.

No te dejes engañar por los demagogos que te animan a mantener viva tu ira. Eso sólo aumentará el bagaje negativo que acarreas. Guardar ideas negativas como éstas conduce a su aumento con el tiempo, ya que la mente crea muchos tipos diferentes de equivocaciones imaginarias y multiplica los enemigos. Líbrate de este tipo de suciedad antes de que te domine. El bagaje emocional puede explotar en tragedias con consecuencias graves. Es mejor que dejes descansar tus cansados hombros.

El bagaje emocional puede acumularse con los años, volviéndose más pesado y más difícil de llevar.

126 Vacía tu vida de los amigos molestos

De la misma manera que limpias la suciedad de tu casa y de tu mente, con la misma facilidad puedes limpiar tu mundo de amigos basura. No necesitas los incordios creados por aquéllos que constantemente te desprecian, te desaniman y te deprimen con la manera negativa con la que reaccionan ante las cosas que haces y dices y las decisiones que tomas. (Después de hacer el esfuerzo de no rodearme de gente que me hacía sentir indigna y antipática, mi vida dio un giro considerable en lo que a felicidad se refiere).

Recuerda que los grupos de ayuda que construyes a tu alrededor se añaden a la energía de tu vida. La gente negativa aumenta los aspectos negativos en tu vida. Los amigos que te juzgan lo convierten todo en una batalla. Rodéate de amigos que saquen lo mejor de ti, que te recuerden triunfos pasados, que te hagan sonreír con seguridad en ti mismo y te hagan sentir que puedes conseguirlo casi todo. Los amigos que se alegran de tus momentos de felicidad ponen luz a tu vida.

Cuando los padres y los profesores nos presionan con sus juicios negativos, tenemos que aprender a soportarlos, pero cuando nos hacemos adultos podemos escoger a quién queremos a nuestro alrededor; nunca tenemos la obligación de soportar a la gente que nos hace sentir que somos menos capaces de lo que somos y que juzgan nuestra vida según sus propios criterios. Realmente puedes escoger a quien quieras para asociarte, relacionarte o salir. Así que, desde el principio, debes esforzarte para limpiar el entorno social con el que te rodeas. Líbrate de los amigos que te hacen sentir mal. Son obstáculos sociales del tipo más destructivo. No hay otro chi peor que el chi malo de la gente negativa y sentenciosa. Si quieres sentirte mejor personalmente y en lo que se refiere a tu vida, líbrate de los obstáculos sociales.

Elimina las emociones negativas: 127
retiros emocionales curativos

Uno de los aspectos más importantes de limpiar los trastos de tu espacio –tanto físico como mental– es el de curar las heridas abiertas del pasado y las viejas creencias que te impiden avanzar. Entre ellas figuran los hábitos de conducta disfuncionales que puede que te hayan sido de utilidad en ocasiones anteriores, pero que ahora te afligen. Otra manera de enfocarlo es tratar de curarte emocionalmente de los traumas y las situaciones que te hagan sentir incómodo o mal. Identifícalos y, a continuación, libérate emocionalmente de lo que te impide avanzar; luego serás capaz de vivir libremente en el presente y saborear la abundancia de tu situación actual.

Cómo funcionan los retiros

Una de las mejores maneras de curarte emocionalmente es irte a hacer un retiro. Un retiro te ofrece la oportunidad de revisar los patrones de pensamiento y de actuación que te impiden vivir plenamente el presente. Cuando estés solo, lejos de tu mesa de trabajo y de tu familia, serás capaz de analizar y examinar lo que ha pasado en tu vida en los últimos diez años y revisar todo lo que has acumulado, tanto en términos de bienes materiales como de hábitos mentales y de conducta, que han dado forma al ser que eres a los ojos de los demás.

Los retiros de limpieza te permiten examinar tus acumulaciones de cosas positivas y negativas, y hacen que te enfrentes a todas las cuestiones que has ignorado; toda la familia y amigos que sencillamente has evitado por la única razón de que estás demasiado ocupado para recordar que existen. La curación emocional puede darse cuando estás lejos de la casa familiar. Separado de tus sistemas de apoyo normal, tu ser interior puede aparecer y salir a la superficie. Generalmente, los primeros días

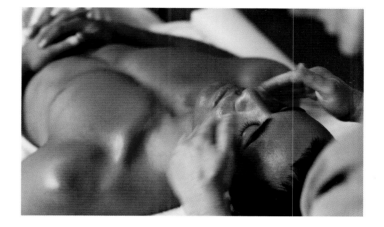

de retiro son bastante duros. Los aspectos negativos deben salir a la superficie para que pueda tener lugar la curación emocional y eso a menudo suele ser un proceso doloroso. Descubrí que la clave está, sencillamente, en observar tus luchas internas. Cuando la ira y la intranquilidad se apoderen de ti, lo único que tienes que hacer es retroceder.

Piensa en el proceso como en un lavado de ropa. Primero, toda la suciedad sale y el agua se vuelve sucia pero, a medida que se va eliminando la suciedad, el agua se vuelve clara y limpia. Ocurre lo mismo con la limpieza emocional. El proceso tiene que ser difícil antes de que las cosas vayan a mejor, tiene que salir la suciedad antes de que la verdadera claridad emerja.

La curación puede funcionar física y mentalmente. De la misma manera que terapias como el masaje ayudan a que el cuerpo se relaje y elimine toxinas, los retiros emocionales curativos impulsan la liberación de actitudes antiguas y recuerdos negativos, limpiando y purificando la mente.

128 Afirmaciones para subir tu autoestima

Desde que tengo uso de razón he creído firmemente en las afirmaciones. Muy pronto descubrí que si quería que algo pasara de verdad y que si lo repetía una y otra vez, y volvía a pensar en ello de una manera positiva, milagrosamente se hacía realidad. De la misma manera, si quería desarrollar una cierta habilidad, afirmaba profundamente concentrada ese deseo en mi mente y, de algún modo, las situaciones se confabulaban para que yo adquiriera el conocimiento o experiencia que anhelaba.

Así fue como me convertí en la propietaria y presidenta de mis propios almacenes en Hong Kong, a mediados de la década de 1980. Había descubierto que tenía una debilidad por las compras y me di cuenta de que ir de compras sólo es divertido si tienes un montón de dinero. Pero mi subconsciente era mucho más inteligente. Me llevó a firmar un trato bancario, que durante años había sido parte de mi trabajo, que me permitiera comprar unos almacenes. Durante dos años, hice todas las compras para mis trece tiendas como si fuera una emperatriz. Fue impresionante. Cuando me cansé de esa vida, saqué un buen margen vendiéndolo todo.

Utilizar tarjetas de afirmación a diario ayuda a crear energía positiva.

Más adelante, cuando descubrí los mantras y me enteré de que los yoguis y los lamas se pasaban la vida recitándolos en busca de la transformación de la mente y para su iluminación, mi creencia en las afirmaciones se multiplicó por mil. Desde entonces, he destinado mis afirmaciones a objetivos menos materiales y más hacia las potenciaciones espirituales. Ahora también me gusta mucho transformar mi mente.

Si quieres potenciar tu propia aura, es muy importante que tengas un sentido de la autoestima sano, que creas en tu capacidad de tener fe, de confiar, de amar y de tener respeto por los demás de una manera desinteresada. La autoestima surge de los mantras de pensamiento positivo dirigidos a hacer que los demás se sientan bien, y de las afirmaciones que crean un sentimiento de bienestar contigo mismo.

Deja el miedo a un lado

Debes olvidarte del miedo a herir tu ego. Una vez que ya no tengas miedo, todas las cosas negativas se evaporarán. Ya no atraerás a gente negativa ni situaciones negativas a tu vida porque estarás cómodo con lo que eres y con quien eres. Ni siquiera verás a nadie ni nada como algo negativo y de esa manera tu aura personal se potenciará. Entonces atraerás a gente positiva y agradable a tu mundo. La felicidad estará a tu alcance.

Por eso, usa las afirmaciones de pensamiento y palabra para limpiar todos los obstáculos que rodean tu ego. Acéptate por quien y por lo que eres, deshazte de todo lo que te atemoriza, te pone a la defensiva, te hace enfadar, ser parcial y envidioso, y siéntete a gusto en tu propia piel.

Deja el pasado atrás y avanza   129

La limpieza mental es algo que tenemos que hacer por nosotros mismos. No podemos delegarlo en nadie, porque la limpieza de la suciedad mental bien arraigada tiene mucho que ver con nuestros propios sistemas de valores principales. Es una cuestión muy personal. Nadie puede hacer la limpieza por ti, ni siquiera los terapeutas profesionales expertos en psicología y expertos en trabajos de curación.

En la encrucijada de tu vida, a menos que estés preparado para deshacerte de las creencias del pasado y de los sistemas de valores que bloquean tu camino hacia delante y perjudican tu potencial en el camino hacia el éxito; a menos que estés preparado para desechar actitudes irrelevantes y superfluas en tus circunstancias actuales, no podrás dejar espacio para que nuevas ideas y energía entren en tu conciencia. A medida que pases de una etapa de tu vida a la siguiente, tendrás que aceptar que los tiempos de transición pueden parecer inciertos e incluso ser un poco inestables. La vida es así; los momentos cruciales requieren una compensación mental. Son situaciones en las que te sentirás forzado a hacer una criba entre lo que realmente consideras importante y lo que no, y dejar a un lado lo que no lo es.

Limpiar la suciedad mental siempre requiere dejar atrás el pasado para poder avanzar. Tienes que estar preparado para deshacerte de tus viejas ideas y sistemas de creencias que ya no estén en vigor. A veces, puede que afecte a tus más arraigados sistemas de valores. Y es entonces cuando debes decidir.

Cuando te sientas ahogado, cambia la decoración de las paredes   130

Las imágenes que ves a diario tienen un efecto profundo sobre tu subconsciente. Esas imágenes pueden ser negativas o positivas, sustentadoras y potenciadoras, agotadoras y debilitadoras. Si sientes claustrofobia –cuando te sientas ahogado–, como si necesitaras más espacio para respirar, generalmente es debido al efecto que las imágenes tienen sobre tu subconsciente. Puedes irte de vacaciones para desconectar de la rutina de tu vida, o puedes cambiar las imágenes que cuelgan de las paredes de tu casa. El arte puede ser inspirador y levantarte el ánimo, pero, con el tiempo, los mismos viejos cuadros pueden convertirse en algo pesado y provocar desconcentración. Cambia la decoración de tus paredes cuando te sientas encerrado.

Cambiar el ambiente de tu entorno variando el color y las imágenes con las que te rodeas es el mejor antídoto para los momentos en que sientes que la vida es demasiado dura. Cuando utilices este remedio, asegúrate de que también cambias los colores predominantes de tu alrededor. Pon cortinas más ligeras si sientes que necesitas expandirte y también más vitalidad, y usa cortinas más oscuras si tienes la necesidad de sentir que tus pies están más en la tierra.

Ten en cuenta que el arte es sólo un juego de colores e imágenes que tienen un efecto potente sobre tu sentido del bienestar. Evita colgar imágenes que sugieran pérdida, horror, como por ejemplo imágenes distorsionadas, animales feroces, tormentas, incendios y retratos de gente vieja. Pon campos abiertos, cielos azules y aguas tranquilas. Si quieres vivir nuevas experiencias, compra un cuadro con pájaros, porque son los mensajeros del cosmos. Al colgar una imagen de pájaros en tu casa, estás enviando una invitación al cosmos para que nuevas y alegres experiencias tengan lugar en tu vida.

131 Refuerza tu aura personal

La potenciación del aura humana es un ejercicio espiritual que requiere visualización y concentración mental. La fuerza de tus campos áuricos tiene mucho que ver con tu salud mental, emocional y física. La manera como reaccionas ante los estímulos externos le afecta directamente. Los que ya conozcáis algo acerca del aura sabréis que existen diferentes capas áuricas que rodean el cuerpo humano. El aura está formada por colores traslúcidos que cambian, se iluminan y se oscurecen según una multitud de estímulos como el tiempo, el temperamento de la persona, la energía del espacio que nos rodea o los acontecimientos. El aura se ve afectada sobre todo por la salud física y mental. Es posible potenciar el aura. Tu aura es fuerte cuando tienes un cuerpo y una mente sanos. Las enfermedades absorben su fuerza intrínseca, y le privan de su color. Las toxinas del cuerpo agotan el aura y la debilitan.

La meditación y una dieta sana reducen el estrés interno y externo del cuerpo, mejorando tu salud y, a la vez, tu aura.

Elimina toxinas

En los últimos años, se han utilizado muchos métodos para ayudar a desintoxicar el cuerpo. Una manera que he probado con mucho éxito es la reflexología podal. Regularmente asisto a sesiones para ayudar a liberar toxinas de mis órganos internos, lo que garantiza mi salud. La reflexología trabaja haciendo que el chi fluya libremente a través de todo el cuerpo. Otra manera de hacerlo es mediante la práctica de sencillos ejercicios de chi kung (*véanse los consejos 3 y 6*). Siempre que el chi se mantenga en movimiento a través del cuerpo, el aura estará fuerte y sana.

He hablado con algunos profesionales del yoga y la mayoría de las veces su humildad les impide admitir sus poderes psíquicos. Pero yo sé que son unos poderosos meditadores y que sus auras brillan con un fulgor divino. Para ellos es importante llevar una vida virtuosa que refuerce el aura humana. Sé pura, me dicen. Evita perjudicar a los humanos, a los animales y a todas las criaturas vivas. Intenta no intoxicarte ni sucumbir demasiado a los estimulantes y, ocasionalmente, en los días especiales, haz algún sacrificio para purificar tu cuerpo. Hazte vegetariano o, incluso mejor, ayuna durante un día. Ofrece una oportunidad al cuerpo y a la mente para liberarse de todo lo negativo que tiene dentro. Y cuando recites tus mantras purificadores, instruyen los yoguis, visualiza que todas las toxinas, el mal espiritual y los pensamientos negativos que se han acumulado desde el principio de los tiempos fluyen hacia el exterior a través de las aperturas de tu cuerpo en forma de tinta negra, escorpiones, ranas y serpientes. Considérate –tu cuerpo y tu mente– como un ser completamente purificado.

Cuando tu conciencia está purificada, tu aura brilla, se potencia, se refuerza.

Baños de agua con sal natural para purificar el campo áurico 132

Un ritual de purificación menos espiritual pero aun así revigorizante consiste en bañarse en agua con sal natural. Una manera fácil de ponerlo en práctica es encontrar una bonita playa y sumergirte en el agua. Es una manera sencilla pero eficaz de neutralizar en tu cuerpo y tu mente el daño espiritual que has sufrido y las aflicciones mentales que te hacen sentir deprimido, débil, tenso y derrotado.

Muchas de las viejas tradiciones espirituales creen firmemente en el poder de los baños en el mar. En Indonesia, uno de los rituales para purificar a alguien que sufre «mal de espíritu» (influencias negativas) consiste en sumergir todo el cuerpo de esa persona en el mar durante siete días sucesivos. Se cree que el mar tiene poderosas cualidades neutralizadoras para curar una amplia variedad de enfermedades causadas por los desequilibrios del cuerpo espiritual. Los cristales de sal presentes en el agua del mar son excelentes para limpiar el campo áurico de las impurezas y aflicciones que absorben la energía del cuerpo humano.

La próxima vez que te vayas de vacaciones a la playa, escoge las que estén menos explotadas. Las playas naturales, donde las aguas no están contaminadas, son el mejor lugar para realizar una purificación áurica. Las aguas que besan las playas vírgenes son como las altas montañas: su energía es pura y muy poderosa.

Evita los lugares en guerra o que sufran ataques terroristas, ya que los asesinatos y saqueos crean vibraciones muy negativas.

La limpieza y el número siete

El número siete siempre se ha asociado a los rituales de limpieza. Corresponde a los siete chakras o centros de energía del cuerpo y también a los siete astros principales que afectan nuestro bienestar: el sol, la luna, Júpiter, Saturno, Marte, Venus y Mercurio. Los hindúes añaden los dos nodos lunares –Rahu y Ketu–, lo que hace un total de nueve astros. Los chinos también añaden dos estrellas a los planetas básicos en muchos de sus ritos esotéricos. Por eso, a veces, cuando empiezo un ritual de purificación, lo sigo durante nueve días. Otros importantes profesionales lo repiten siete veces siete o cuarenta y nueve días.

Una visualización purificadora

Recuerda añadir esta visualización purificadora para que tu baño ritual sea más eficaz. Piensa que, cuando te sumerges en el agua, todas las tensiones, los males, los dolores, los resentimientos, el estrés y las tensiones de tu vida salen de tu cuerpo a través de tus poros y se disuelven en el agua salada.

Visualiza cómo las olas se los llevan mar adentro y los rompen en mil pedazos. Si puedes practicar este ritual acompañándolo de poderosas visualizaciones, durante siete días a la misma hora cada mañana, será muy eficaz. Si no te es posible practicarlo durante siete días, entonces repítelo siete veces en un día.

133 El purificante baño de agua yin con siete flores

Tomar baños purificantes es un ritual tradicional que en los últimos años se ha incorporado con éxito en los servicios de relajación que ofrecen los balnearios y centros de desintoxicación de todo el mundo. Tú también puedes incorporarlos en tus procesos de limpieza mental y física.

El baño de agua yin

Un sencillo baño purificante es el conocido como «baño de agua yin con siete flores». Cuando te bañas en agua dominada por el yin con siete tipos de flores, creas el marco para lo que los sabios llaman el «apogeo del yin». Se consigue sumergiendo todo tu cuerpo en agua que haya sido activada por siete tipos diferentes de flores beneficiosas. Este baño ritual apacigua y desconecta de su entorno al que lo practica.

En este ritual, el bañista se concentra en cada una de las flores, usando los pétalos de éstas para concentrar sus pensamientos en ellas y desvanecer todos los demás. Esta visualización ayuda a relajar la mente. Sintoniza con ella y lentamente trasciende todos los aspectos del comportamiento rutinario. Esta desconexión sosegada permite que el chi yang aumente dentro de la persona. Puede ser yang trivial o yang celestial. Cuando aumenta el yang celestial pero no se disuelve ni se rompe por el apego de la mente hacia los pensamientos errantes, entonces hace que se una el chi del cielo con el chi de la tierra; el resultado es una aumento de energía yang. Entonces el bañista se siente realmente centrado y sereno. Esta práctica se conoce como el baño mágico.

Es una de las mejores maneras de hacer que la energía celestial del yang aumente para envolverte en la esencia del éxito. Elige las flores cuidadosamente para reflejar e incorporar los colores de los cinco elementos. Utiliza más colores de tierra para reforzar el chi de las relaciones. Pon más énfasis en las flores amarillas y rojas para reforzar el aura del éxito. Me gusta recomendar montones de flores amarillas, especialmente crisantemos, porque son flores muy beneficiosas y simbolizan muchas cosas buenas, éxito, fama y felicidad. También me gustan las flores blancas como las magnolias y todas las flores de los árboles frutales, sobre todo las del ciruelo y del cerezo, que representan la longevidad de la buena fortuna. También puedes escoger jazmines, rosas y otras flores perfumadas. En Bali, isla espiritual especializada en este tipo de baños, a la gente le gusta usar el franchipán, que representa diferentes tipos de buena suerte.

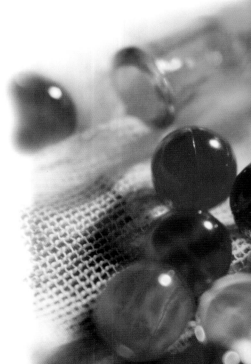

Las perlas de baño con aceites esenciales que se disuelven en el agua son una lujosa alternativa a las flores frescas.

Cuando te sientas deprimido, mueve el chi 134

Una manera eficaz de reforzar tu aura cuando te sientas deprimido es mover el chi de tu entorno inmediato. Puede ser en tu oficina –si te sientes deprimido con cómo van las cosas en el trabajo–, en tu habitación –si tu depresión está relacionada con tu vida amorosa– o en cualquier espacio donde pases mucho tiempo.

Mueve el chi

Mover el chi no es muy complicado. Se trata de que muevas, cambies o vuelvas a colocar los objetos inmóviles de tu casa como los muebles, ya sean mesas y sillas, tiestos y decoraciones colgadas en las paredes...

Mueve el chi de tu oficina

Para mover el chi de tu oficina, pide ayuda a alguien para mover tu mesa; unos cuantos centímetros serán suficientes para mover el chi. Mover cualquier cosa más de 8 cm hace que se mueva el chi. Cuando mueves una mesa unos 8 cm a la derecha, a la izquierda, adelante o atrás, pones en marcha toda una serie de cambios en el trazado en que el chi se mueve a tu alrededor. Cuando muevas tu mesa, también deberás mover la silla, así que el flujo del chi cambiará su recorrido habitual y creará un flujo revitalizado.

Mueve el chi de las paredes

Si tienes fotos, pósteres o cuadros en las paredes, quítalos, límpialos a fondo y vuélvelos a colgar. Intenta volverlos a colocar en un lugar ligeramente diferente, o cámbialos de sitio. Puedes quitarlos y poner nueva decoración en las paredes. Dedica una hora más o menos a

Los colores vibrantes y los cambios en la decoración de las paredes dan energía y revitalizan una habitación.

mover el chi. Cuando acabes, te sorprenderá lo bien que te sientes. Si tienes macetas y árboles en tu oficina, muévelos también. Mover las plantas es una manera muy eficaz de crear nuevos movimientos del chi. Puedes dar por acabada tu pequeña sesión buscando las cosas que se deberían tirar –viejos papeles, sobres vacíos, viejas revistas y periódicos– para vaciar el espacio de objetos inútiles.

Mueve el chi de tu habitación

Quita el colchón, limpia las sábanas y mueve la cama. Limpia a fondo el espacio situado debajo de la cama, quitando las telarañas y la suciedad que se ha acumulado. Te sorprenderás de la cantidad de cosas que tienes bajo la cama. A ser posible, da al colchón y a las almohadas un buen baño de sol en el exterior. No hay nada que elimine mejor la depresión que una fuerte dosis de energía yang.

135 Cuando te sientas abatido, reorganiza tu mesa

Cuando te sientas abatido, débil e impotente, percibirás que tu energía y entusiasmo se debilitan de forma considerable. Todos pasamos por períodos terriblemente debilitadores como esos y normalmente responden a una de dos cosas: o estamos terriblemente cansados o la esencia de nuestro chi está agotada. Generalmente, los sentimientos como éste están provocados por nuestro espacio de trabajo inmediato. Cuando te sientes abatido, normalmente es debido a un acontecimiento catalizador. Puede ser un rechazo, una equivocación, una decepción o que alguien te grite, te critique o se muestre poco razonable contigo. Entonces todo lo que te rodea se sumará a ese sentimiento de frustración.

En esas ocasiones, utiliza el feng shui para animarte y reafirmar tu seguridad. Considera que tu mesa es como un microcosmos del símbolo del tai chi (véase el consejo 14). Considera que la mesa representa la esencia universal del yin y el yang en forma del símbolo Pa Kua. Divídela en nueve cuadrados iguales como un cuadro Lo Shu (véase el consejo 145) y, utilizando la dirección en la que estás sentado como punto de referencia, asigna a la casilla superior central ese punto cardinal. Si estás mirando hacia el sur, esa casilla será la casilla del sur. La casilla central inferior (la más próxima a ti) será la casilla del norte. Entonces puedes asignar los demás puntos cardinales al resto de casillas.

El ordenador está orientado hacia una buena dirección según el número Kua del usuario.

Los documentos están colocados en el este.

Por dónde empezar

Ahora reorganiza tu mesa según los siguientes criterios:

NO	N	NE
O		E
SO	S	SE

- Coloca tu ordenador en otra mesa auxiliar a tu derecha o en las casillas de noroeste o del oeste. Si no es posible, elige un lugar donde seas capaz de orientarte hacia una de las direcciones que te son propicias (según la fórmula Kua).

- Pon tus documentos y asuntos pendientes en la casilla del este o del sureste. Eso aumentará tu eficacia a la hora de resolver los asuntos a los que se refieren los documentos.

- Coloca tu bandeja de salida en el oeste para asegurar que estás protegido, sean cuales sean las decisiones que tomes.

- Instala luces en el sur para ganar reconocimiento entre tus superiores. También sirve quemar una pequeña vela o colocar una lámpara.

- Sitúa un pisapapeles de cristal en el noroeste de tu mesa para activar la suerte del mentor. Eso hará que tu jefe te mire con buenos ojos. Colocar un cristal redondo en tu mesa en la esquina noroeste siempre crea una fuerte «suerte del patronazgo».

Cuando no te sientas amado, báñate en un arco iris de luces de colores

136

Todos pasamos por momentos terribles en los que estamos convencidos de que nadie nos quiere. Incluso los hombres y las mujeres de más éxito son asaltados por dudas sobre su valía personal. Los momentos como esos nos invaden debido a una gran variedad de razones; es lo que hace única a la raza humana. Los sentimientos de desaliento tienen muchas causas.

He descubierto que intentar encontrar las causas primeras de esos momentos es de menos ayuda a la hora de tratarlos que hacer algo para contrarrestarlos. El remedio inmediato y eficaz para el desaliento de este tipo consiste en crear un baño de luces con los colores del arco iris. Los siete colores básicos del arco iris cubren un espectro entero de remedios que pueden resultar extremadamente curativos.

Crea un arco iris

La manera más fácil de crearlo es envolver una luz en forma de filamento en un papel transparente con los colores del arco iris. Los colores deberían ser rojo, naranja, amarillo, verde, azul, añil y violeta. En una habitación poco iluminada, enciende esta luz especialmente preparada y siéntate bajo ella unos diez minutos. Entonces visualizarás los rayos de luz coloreada brillando sobre ti y entrando en tu cuerpo a través del chakra de la coronilla, en la parte superior de tu

Un péndulo de colores refracta la luz en los colores del arco iris. Cada uno de esos siete colores está asociado a un tipo de curación determinado que te ayuda si te sientes abandonado.

cabeza (*véase el consejo 31*). Es muy útil que estés relajado y calmado, y seas capaz de ver las luces entrando en tu cabeza como ríos de color. En tu mente, distingue cada uno de los colores y concéntrate en sus significados, que se explican en el recuadro inferior. Cuando te hayas concentrado en cada color por separado, visualízalos todos juntos, fundiéndose en un solo color, una deslumbrante luz blanca. El proceso de visualización para conseguir esto es imaginarte que los colores giran y se tuercen muy rápidamente hasta que se fusionan en un solo color. Esta luz blanca es muy eficaz a la hora de devolver la confianza y el amor a tu conciencia.

Los siete beneficios de los siete colores

Rojo	Para el coraje y la fuerza para creer en ti mismo.
Naranja	Para tomar la iniciativa en el amor.
Amarillo	Para tener unas relaciones estables.
Verde	Para la aceptación sosegada de quién eres.
Azul	Para el amor y las olas de energía nutritiva, afectuosa.
Violeta	Para recibir el chi que aumenta la confianza.
Añil	Para la elevación espiritual que te convence de que puedes con todo.

Cuando te sientas débil, crea sonidos

Cuando te sientes débil y estás convencido de que la vida está estancada, saca el polvo de tus estanterías y sintoniza con el chi yin que, obviamente, ha penetrado en tu espacio. La energía yin puede provocar enfermedades y varios tipos de dolores y males.

Experimentas una sensación aplastante de sopor que, sencillamente, no te puedes quitar de encima. A veces no te sientes enfermo, sino que realmente estás enfermo, sucumbes a los virus y las alergias, te sientes más vulnerable a las enfermedades y a las aflicciones físicas y tu nivel de tolerancia disminuye. No es una sensación agradable y cuanto más rápido te libres de ella, menos oportunidades de apoderarse de ti tendrá.

Los beneficios de la sonoterapia

No hay ningún remedio mejor para el sopor y el chi débil de una casa que la sonoterapia. La música alegre tiene el poder de barrer la energía de las enfermedades y de la debilidad. Aun así, no todos los tipos de música ni todas las clases de sonidos son terapéuticos. Es la música alegre y ligera la que da fuerza al entorno. Así que pon música que llegue a tu corazón y que tenga un ritmo alegre, que puedas bailar y canturrear. Lo mismo ocurre con los sonidos. Los sonidos agudos animan más que los graves. Las campanas, por ejemplo, funcionan mejor

Repicar las campanas o poner música transforma la energía pesada y proporciona una atmósfera más alegre.

que los tambores; el sonido de las campanas sigue resonando mucho más tiempo del que puedes oírlo, y el sonido de las campanas especiales purificadoras hechas de siete metales resuena más tiempo que el de las campanas normales. Al usar campanas para purificar una habitación, dejan su cristal de campo energético limpio, e instantáneamente eliminan los sentimientos de debilidad. Si eres sensible al espectro de luz de los espacios, también notarás una diferencia en el espectro de color de las habitaciones que se hayan beneficiado del baño de sonido de campanas. Esto se debe a que este sonido afecta a las vibraciones de los colores, cortando sus espectros de luz y reforzando las auras de colores que rodean los objetos animados e inanimados.

Las campanas más grandes emiten sonidos más profundos y las campanas más pequeñas, sonidos más ligeros. Te recomiendo que uses campanas más pequeñas, ya que crean un nivel energético más ligero y saludable en una habitación. Si puedes permitírtelo, cómprate una campana de oro o plata para invocar la energía del sol o de la luna. Incluso mejor, consigue una campana tibetana o mongol hecha de siete metales, ya que proporcionan beneficios multidimensionales que reflejan los atributos de los siete planetas. Crean un aura de fuerza y buena salud. Las campanas de latón también emiten unos sonidos maravillosos, especialmente cuando se les añade una pequeña cantidad de oro. Al tocar las campanas en tu casa, descubrirás que sus sonidos se vuelven más claros en cada nuevo repique; camina alrededor de cada habitación tres veces en el sentido de las agujas del reloj y siente cómo te vas animando. En un abrir y cerrar de ojos, te sentirás energizado.

Cuando te sientas incomprendido, limpia detrás de tu cama   138

Las peleas se producen cuando hay malentendidos. Cuando tus afirmaciones y acciones bienintencionadas se malentienden por completo, te quedas pensando por qué a la gente parece costarle tanto apreciar tus motivaciones positivas. Parece como si la suerte estuviera contra ti. Hay pocas cosas más desalentadoras que tener que aceptar que la gente te malentienda como algo habitual. Esto es lo que le sucede a menudo a las personas que duermen con cosas detrás de su cama. Mira qué hay detrás de tu cama; incluso si las cosas no son lo que se podría llamar «basura», ponlas en otra parte. Para que tus motivos sean percibidos como puros y positivos en todas tus interacciones sociales y laborales, es obligatorio que cuando duermas tu cabeza apunte hacia una parte vacía y limpia. Mira también qué es lo que hay en la otra parte de la pared en la que colocas tu cabeza. Si lo que hay detrás de la

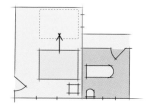

Protege tu espacio de descanso
Quita los objetos inútiles situados debajo y alrededor de la cama; comprueba si tu cama comparte la pared con un baño, ya que puede afectar negativamente tu espacio.

pared es un lavabo, es una buena idea mover la cama para que esté pegada a otra pared. Compartir la pared con un baño o un aseo suele crear interferencias en todas tus palabras y acciones.

Pasa lo mismo si en la otra parte de la pared hay una escalera, una cocina, o un cuarto trastero lleno de trastos de toda una vida. Quita todos los objetos inútiles situados detrás de tu cama.

Cuando te sientas feo, limpia tu armario   139

La belleza física es un estado de ánimo. Sentirse poco atractivo es una ilusión muy agotadora y desalentadora. Para la gente con una base sólida en lo referente a la transformación de actitudes y ejercicios de visualización positiva, no resulta tan difícil deshacerse de los sentimientos que los hacen sentir inseguros. Pero mucha gente necesita ayuda para transformar sus estados mentales, y apoyo para tirar viejas ropas, aspectos antiguos, e imágenes cansadas. Sistemáticamente, ve a tu armario y elige la ropa que vas a dar o a tirar. Líbrate de todo lo que te hace sentir poco atractivo. Primero, descarta la ropa vieja que se

vea antigua, desteñida y de otra temporada o época. A continuación tira la ropa que ya no te vaya bien o que ya no sea apropiada para tu estilo de vida. A continuación tira la ropa que sencillamente no te guste, sea por la razón que sea. Cada vez que actualizas tu guardarropa, fíjate este objetivo: tienes que librarte de un tercio de tu ropa. Eso crea un vacío para ropa nueva más favorecedora. Tus inseguridades se evaporarán al mismo tiempo que te hagas la firme intención de mejorar tu aspecto. Verte mejor hace que te sientas mejor, y sentirte mejor hace que tu aura se expanda hacia nuevos reinos en busca de nuevas experiencias.

140 Cuando te sientas descolocado, haz algo diferente

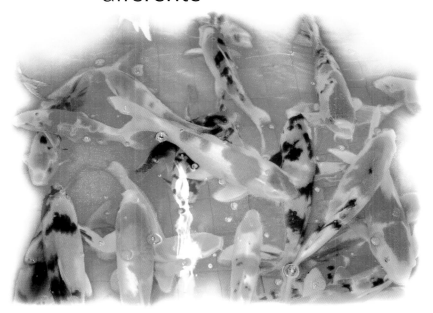

Una sensación de pesadez a veces te puede hacer sentir «descolocado». Puedes sentirte desequilibrado, como si la energía que te empuja hacia delante estuviera de algún modo fuera de onda del resto del mundo. Es un mal que aparece cuando estás sobrecargado con demasiado trabajo, cuando parece que demasiadas cosas van mal y cuando hay demasiado estrés en tu vida. Puede ser la primera fase del síndrome del «quemado» y es una señal de que tienes que parar, hagas lo que hagas.

Busca el equilibrio

El mejor antídoto para aliviar este sentimiento es concentrarse en algo que te interese en una dimensión completamente diferente, hacer algo distinto. Para eso, debes reequilibrar la vibración que resuena en tu campo áurico.

Busca un nuevo pasatiempo. Apúntate a un curso. Haz un poco de jardinería. Implícate en una actividad creativa, constructiva o sustentadora. Centra tu atención en algo o alguien que

Los taoístas creen que tener unos peces sanos ayuda a curar el cansancio porque atraen la activa energía yang.

no seas tú. Este cambio de atención y énfasis en otro ser o cosa viviente externa a ti es una manera excelente de restaurar tu energía, y tanto los animales como las plantas son elementos excelentes para reconcentrar tu atención y tu conciencia, ya que simbolizan el chi del crecimiento. Cuando te dedicas a la jardinería, por ejemplo, estás, de hecho, fomentando el «chi del crecimiento». Ocurre lo mismo cuando juegas con tu perro o alimentas a tu pez.

Concéntrate con los peces

Otra manera de atraer el chi del crecimiento a tu campo vital es poner un pez en tu vida. Los peces representan la vida en el reino del agua. He aquí un secreto taoísta en forma de solución rápida: los taoístas recomiendan tener peces para eliminar el estrés de la mente; aparentemente, logran que el cansancio se evapore. Deberías tener peces de los colores que se corresponden a tu estación de nacimiento. Si has nacido en invierno, los peces deben ser negros; en verano, rojos; en primavera, verdes y en otoño, blancos. Si has nacido en los meses justo antes o después del verano, los peces deben ser amarillos.

Los taoístas siempre aconsejan que si tienes tu propio negocio tengas algunos peces en tu oficina según el color de la estación de nacimiento de tu mujer. Si eres una mujer, del color de tu propia estación de nacimiento y si estás emparejado, la estación de nacimiento de tu novia. Si eres un hombre soltero, usa el color de tu propia estación de nacimiento.

La fuerza vital de los símbolos. 141
Símbolos místicos y comunes

Cada tradición espiritual y esotérica se caracteriza por unos símbolos especiales que poseen una fuerza intrínseca para lo bueno. Los chinos creen que podemos cambiar la calidad y el movimiento de la energía de cualquier espacio sencillamente invocando el poder de los símbolos. Esos símbolos pueden ser tan sencillos como círculos y cuadrados, tanto números comunes como números especialmente poderosos y tanto caracteres o palabras directas como especiales que simbolicen algo propicio. También pueden ser criaturas celestiales que reflejan el chi de otros reinos del mundo viviente. También se puede invocar el poder de los tótems, divinidades, piedras semipreciosas y signos místicos.

Los chinos se refieren a los símbolos como expresiones de los cinco elementos, que se manifiestan en aspectos yin o yang. El concepto de yin y yang también tiene su propio símbolo, el símbolo del tai chi. Es un círculo con una mitad negra y la otra blanca. Representa lo completo.

Símbolos de fortuna
El símbolo Pa Kua y la caligrafía simbólica (izquierda). El sencillo simbolismo de las formas geométricas y el símbolo del yin yang, o del tai chi.

Símbolo del yin yang (o del tai chi).

Cuando dibujas un círculo con tus manos, estás invocando el poder del símbolo del tai chi. Cuando lo rellenas con una parte oscura y la otra clara, estás dibujando las dos caras de lo completo, el yin y el yang.

Los símbolos y la mente
Los símbolos concentran y magnifican los pensamientos. También transmiten mensajes de intenciones y afirmaciones a la fuente universal cósmica. Algunos dicen que esta fuente es la suma de todas las conciencias del mundo, así que, en esencia, representa la conciencia universal. Esta fuente universal de energía tiene el poder de hacer realidad todos los estados de conciencia mental, comprensión y concreción. Cuando los invoca una mente versada, los símbolos adquieren una resonancia que, instantáneamente, transciende la energía del espacio que ocupa. La llave que abre el poder de los símbolos místicos es la mente.

Amuletos y oportunidades

Descubrí el poder de los símbolos místicos por casualidad, en mis primeros días de aventura empresarial, y desde entonces mi conocimiento de los símbolos se ha expandido sin yo ser consciente de ello. Curiosamente, parece que los símbolos aparecieron primero en mi vida, normalmente como amuletos que llevo «para que me protejan». Con el tiempo, he ido volviéndome más consciente de los «golpes de suerte» relacionados con la aparición de las grandes oportunidades en ciertos momentos de mi vida y de cambios de planes de último minuto que me han ofrecido nuevas opciones. Todos los hitos de mi vida han estado acompañados por amuletos simbólicos, piedras semipreciosas o talismanes que han entrado a formar parte de mis posesiones o de mi casa justo antes del acontecimiento.

142 Símbolos de poder y de protección

Los símbolos se pueden utilizar para estimular las viviendas y los espacios laborales, potenciar las habitaciones, proteger la mente y expandir la conciencia con la energía directamente tomada de la fuente divina universal. La distribución estratégica de símbolos y llevarlos deliberadamente encima de tu cuerpo abrirá el canal hacia esta fuente de energía espiritual. Los símbolos son catalizadores que nos revitalizan de una manera que trasciende lo meramente material, aunque ellos mismos son muchas veces materiales. Pueden estar hechos de diferentes materias: metal, madera o materias tomadas de la tierra.

Cuando son metálicos, los símbolos contienen energías poderosas presentes en el sistema planetario. Pueden estar hechos de oro, plata, cobre, latón, aluminio, acero o combinaciones de esos metales. Los metales invocan el poder del sol, la luna, Júpiter, Venus, Mercurio, Saturno y Marte. Estos siete astros simbolizan una serie de aspiraciones, atributos y fuerzas. Se dice que los símbolos metálicos encarnan varios tipos de buena suerte y diferentes manifestaciones de valor.

Estas joyas de oro y plata representan los símbolos del nudo y la hebilla.

Joyas simbólicas

Los símbolos incorporados a las joyas son mucho mejores si son de oro, tanto amarillo como blanco. Cuando están combinados con diamantes, son potencialmente los símbolos más poderosos, porque los diamantes son los símbolos de tierra más duros; estos cristales naturales de nuestro mundo tienen el fascinante poder de desatar y manifestar una enorme variedad de buena suerte a aquéllos que estén dentro de su esfera de influencia. Tal vez ése sea el motivo por el que llevar joyas en forma de símbolos benefactores es algo que ha sobrevivido desde los tiempos prehistóricos. Es realmente algo muy significativo que todas las familias reales y divinidades cósmicas de casi todas las tradiciones del mundo se caractericen por estar cubiertas de piedras semipreciosas de pies a cabeza.

La consagración de los símbolos

Los símbolos no siempre deben llevarse para que sean eficaces. Estén donde estén, ellos crean sus propias auras, que se pueden reforzar mediante consagraciones espirituales. Cuando los símbolos cobran vida a través de la consagración, emiten un poder muy fuerte. Los rituales de consagración pueden ser tan simples como pasar los símbolos sobre incienso aromático al mismo tiempo que se recitan mantras (en esencia, los sonidos secretos atribuidos a los maestros espirituales), o más complicados, como los rituales de ofrendas realizados por los hombres sagrados.

Tótems

Los símbolos de madera suelen ser propios de las sociedades más primitivas. Estos símbolos a menudo tienen grabados muy elaborados, están colgados en las entradas y en el interior de las casas, y se dice que propician una vida larga, bendiciones de los dioses y una muerte natural. Los tótems son muy populares entre muchos montañeses de Asia y las tribus de nativos americanos. Existen muchos ritos de consagración de tótems, como por

Un tótem de madera en forma de dragón.

ejemplo el ritual de adoración de los ojos de los dragones celestiales, o el despegue simbólico del vuelo del fénix que renace de sus cenizas.

Activa la energía dibujando símbolos en el aire 143

El poder de los símbolos se puede invocar de diferentes maneras. Por ejemplo, puedes colocar en las esquinas de tu casa símbolos que propicien la buena suerte para atraer diferentes tipos de buena suerte.

Símbolos de la buena suerte

En los últimos años, el interés y la demanda de símbolos de feng shui de la buena suerte se ha incrementado. Cada vez más gente sintoniza con la manera misteriosa en que parece que atraen la buena suerte en la casa, así que cada día colocan más en sus hogares. Algunos ejemplos son el sapo de tres patas, el dragón, la tortuga, las plumas de los pájaros y monedas especiales. Ninguno de estos símbolos es un símbolo místico. Son símbolos de la «buena suerte» reconocidos por los chinos durante siglos como catalizadores de la fortuna. Ahora son casi universalmente conocidos. El dragón, por ejemplo, es hoy reconocido y querido como un poderoso símbolo de la buena suerte, mientras que, en un pasado no tan remoto, sólo los chinos veían esta criatura celestial como tal.

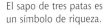

El sapo de tres patas es un símbolo de riqueza.

Símbolos místicos

También existen sencillos símbolos místicos que aparecen en muchas tradiciones. Se pueden invocar dibujando su forma en el aire al mismo tiempo que se usa incienso para limpiar las capas áuricas de una habitación. En la columna de la derecha describo algunas técnicas para invocar símbolos sencillos. El proceso descrito es un método taoísta de invocación.

Cómo dibujar símbolos

1. Cierra tu mano derecha en un puño. Extiende el dedo índice y el corazón y apunta con ellos hacia delante. Tu dedo gordo sostendrá los otros dos dedos de forma natural, así que tu mano adoptará forma de pistola. Practica dibujando un círculo con los dos dedos extendidos. Aprende a dibujar los siguientes símbolos para invocar sus poderes. Repítelo un par de veces a medida que te vayas moviendo por la habitación.

2. Dibuja un círculo completo en el vacío que hay delante de ti para invocar la unidad de la familia o de los empleados, o la finalización con éxito de un proyecto. El círculo tiene numerosas y excelentes definiciones simbólicas y es muy poderoso. Representa al sol, la luna, los ciclos de la vida, y el concepto de lo lleno y lo completo. Si sientes que tu vida carece de significado, o que tu familia no parece unida, invoca lazos más estrechos convocando el poder del círculo. Dibuja el círculo, moviendo tus dedos en el sentido de las agujas del reloj para generar sus vibraciones. Cuando quieras usar el círculo para propósitos curativos, dibújalo en el sentido contrario a las agujas del reloj. Finaliza la sesión de dibujo realizando un movimiento en zigzag con la mano y los dedos en un gesto descendente; así se representa el final del ritual.

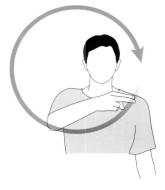

3. Dibuja un cuadrado para representar la protección y para crear un estado de prosperidad y abundancia. Piensa en las cuatro esquinas de la habitación en la que estás y conecta mentalmente estas esquinas al mismo tiempo que trazas un cuadrado con tus dedos estirados. Empieza por la esquina de arriba y dibuja el cuadrado en el sentido de las agujas del reloj para la protección y para atraer vibraciones de prosperidad. De nuevo, finaliza la sesión con un movimiento en zigzag de la mano y los dedos en un gesto descendente para representar el final del ritual.

4. Dibuja una cruz en la entrada de tu casa para representar un talismán invisible que la proteja. Dibuja la línea horizontal antes de dibujar la línea vertical. Repítelo tres veces para crear un campo de fuerza invisible de energía protectora.

144 Los símbolos yantra, unos protectores eficaces

Los hindúes invocan los potentes símbolos llamados «yantras» para la protección y diferentes tipos de buena suerte. Los yantras están formados por varios triángulos, uno encima del otro, y normalmente están grabados como imágenes en grandes monedas de oro. El oro normalmente es de máxima pureza. Cuando visites la India, es una buena idea que consigas una de esas monedas yantra, que normalmente se venden como joyas con una imagen de las divinidades indias de la riqueza, el conocimiento, la sabiduría o el amor. Sólo el hecho de tener un medallón yantra en la casa crea un campo áurico a su alrededor que sirve para protegerla de energías negativas, según dicen. También existen yantras planetarios, que representan protecciones especiales para los diferentes días de la semana.

La pirámide del Louvre, en París, tiene una fuerte energía yin apropiada para los museos.

Muchas tradiciones espirituales se refieren al triángulo como un símbolo poderoso porque representa la trinidad de cielo, tierra y humanidad. El triángulo también representa la pirámide, que es en sí misma un poderoso símbolo de conservación. La pirámide es una versión tridimensional del triángulo de la Santa Trinidad, y simboliza la unidad familiar, así como también las dimensiones de pasado, presente y futuro.

Los diseños yantra evocan las poderosas trinidades en las que se sustentan muchas tradiciones espirituales, como la del cielo, la tierra y la humanidad.

Un ritual del triángulo

Un poderoso ritual con un amuleto taoísta usa el símbolo del triángulo. Los taoístas creen que la mejor protección posible para una casa consiste en enterrar tres pequeños cristales (bolas de cristal o cristales naturales de una sola punta) en el jardín o en la entrada, en la parte exterior de la puerta principal, colocados en forma de triángulo con la punta mirando hacia fuera. La energía que crean proviene de la energía del suelo, por eso es rejuvenecedora y se autoregenera.

Cuándo se debe evitar la pirámide

No coloques el símbolo de la pirámide dentro de tu casa, ni en tu escritorio ni, lo que sería todavía peor, vivas o trabajes en un edificio que tenga un tejado piramidal. Las pirámides suelen atraer y guardar chi yin, y son excelentes en el diseño de moradas yin, como las tumbas. La pirámide del Louvre, de París, no es dañina porque está en un museo, y su estructura de vidrio proporciona luz a los pasillos que conducen a su corazón. Pero en casa, la pirámide es un símbolo yin demasiado poderoso. Incluso para las oficinas y grandes complejos comerciales, la pirámide puede ser un símbolo peligroso y es mejor evitarla.

El símbolo del cuadrado Lo Shu. El sigil   145

Otro poderoso símbolo muy respetado por los maestros de lo esotérico es el de los números Lo Shu. También aparece en otras tradiciones. En la astrología védica india, el símbolo recibe el nombre de «sigil». Del sigil, intrigante y complejo, se deriva una serie de formas de numerología planetaria sobre números de la suerte.

Una manera más sencilla de entrar en los códigos místicos es activar el signo del sigil. Traza los nueve números en orden ascendente alrededor del cuadro de nueve casillas que ilustramos a continuación, y obtendrás el signo del sigil. (Observa la ilustración inferior, que muestra como se forma el sigil.) El signo del sigil es conocido como el Signo de los Nueve Emperadores en el folklore chino. Usar e invocar el signo del sigil es supuestamente uno de los secretos del feng shui taoísta; se dice que es el signo que se debe invocar si se quiere superar la influencia negativa de los números de la mala suerte que entran en tu casa o en tu despacho.

El ritual del sigil

Colócate fuera de tu casa y dibuja el signo del sigil como se indica en la ilustración. Verás que los números se colocan según el cuadro Lo Shu que se indica más abajo.

Usa el mudra de la mano para invocar los símbolos místicos (el índice y el corazón apuntan horizontalmente hacia fuera con el pulgar sosteniendo los otros dos dedos) para dibujar el signo del sigil. Primero, concéntrate y luego motívate mentalmente antes de dibujar el signo del sigil a unos 30 cm delante de ti, tres veces. Para completar el ritual, debes dibujar rápidamente el signo del zigzag.

Se dice que este ritual de invocación del sigil en la entrada de la casa libera el flujo del chi bueno en la misma, y por eso se supera cualquier tipo de mala suerte, enfermedad o pérdida potencial.

Utiliza el mudra de la mano para evocar los símbolos místicos.

El Lo Shu y el Sigil

1. El cuadro Lo Shu es uno de los símbolos más importantes del feng shui de «la escuela de la brújula». Se llama así porque se dice que fue enviado al legendario emperador Fu Hsi sobre el lomo de una tortuga que nadó por el río Lo de China. Se explica que la disposición de los números de 1 a 9 en el cuadro de nueve casillas es místicamente poderosa, y cualquier combinación de tres números equivale a quince, tanto si se suman vertical como horizontal o diagonalmente. El número 15 es importante porque es el número de días que tarda una luna creciente en convertirse en luna llena, y una luna menguante en convertirse en luna nueva. Así que el cuadro Lo Shu simboliza la influencia del tiempo en los asuntos de la humanidad.

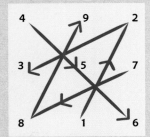

2. El sigil y el orden en que se dibuja es éste.

146 La numerología y los números de la buena suerte del año lunar

Los números del 1 al 9 tienen un significado cíclico muy importante para los chinos. Se dice que estos números combinan diferentes fuerzas, dependiendo del período cíclico, la persona y la casa.

La numerología o la ciencia de los números ejerce influencias importantes en la práctica del feng shui de las Estrellas Voladoras, una de las fórmulas más poderosas de la práctica del feng shui en la que se usa una brújula. En ella, existen números de la buena y de la mala suerte, números débiles y números fuertes. Los maestros de feng shui que saben leer las cartas de feng shui son capaces de predecir los acon-

tecimientos malos y buenos que les sucederán a los residentes de una casa con sólo mirar los números y las combinaciones de números asignados a las diferentes habitaciones. De esta manera, en manos de un maestro versado, el feng shui avanzado puede ayudar a que la gente evite infortunios, enfermedades y accidentes.

También es posible calcular tus números de la suerte a partir de tu fecha de nacimiento. Los números que traen suerte a los espacios que ocupas están basados en la fórmula Kua, que consiste en un simple cálculo utilizando tu año lunar de nacimiento.

Cómo calcular tu número Kua

Coge los dos últimos números de tu año lunar de nacimiento. Deberás comprobar si naciste antes o después del Año Nuevo lunar según tu fecha de nacimiento. Normalmente, si has nacido después de mediados de febrero, no hace falta hacer ningún cambio, ya que a partir de entonces el año lunar coincide con el año occidental. Sólo los nacidos antes de mediados de febrero deben comprobar cuándo empieza el Año Nuevo lunar en su año de nacimiento.

1. Suma los dos últimos números de tu año de nacimiento hasta que los reduzcas a una cifra de un solo dígito.

2a. Las mujeres deben sumar 5 al resultado y seguir sumando, si es necesario, hasta obtener un solo dígito. Ese número (entre 1 y 9) es tu número Kua, tu número de la suerte. Las mujeres nacidas después del año 2000, deberán sumar 6.
Por ejemplo, si el año de nacimiento es 1959, 5 + 9 = 14, entonces 1 + 4 = 5.
A continuación se debe sumar 5, así que 5 + 5 = 10, 1 + 0 = 1.

2b. Los hombres deben restar el resultado de 10; el número resultante será su número Kua, es decir, su número de la suerte. Los hombres nacidos después del año 2000 deben restar de 9.

Ejemplos:
Para una mujer nacida día 6 de agosto de 1949:
Suma 4 + 9 = 13 y 1 + 3 = 4; luego 4 + 5 = 9
El número Kua de la mujer es 9.

Para un hombre nacido el 3 de enero de 1939:
Una vez comprobado el Año Nuevo lunar, se resta un año, y se usa el 1938 como su año de nacimiento.

Suma 3 + 8 = 11 y 1 + 1 = 2, y entonces 10 −2 = 8.
El número Kua del hombre es 8.

Una vez que tengas tu número Kua, puedes identificar los números que son buenos para ti y los que se supone que te perjudican. Los números del 1 al 9 se dividen en dos grupos:

Números del grupo del **este**: 1, 3, 4 y 9.
Números del grupo del **oeste**: 2, 5, 6, 7 y 8.

Todos los números del mismo grupo te traerán buena suerte. Todos los del otro grupo auguran mala suerte para tu grupo. Intenta usar tus números de la suerte tan a menudo como puedas.

El poder especial de los números Ho Tu 147

En la tradición china, existe una serie de números conocidos como Ho Tu. Se trata de combinaciones de números que según las creencias traen mucha suerte, ya que fueron traídos sobre la espalda de un caballo-dragón mítico, conocido como el unicornio, o Chi Lin, y se cree que estos números representan diferentes tipos de buena suerte.

Los números Ho Tu y los números de la casa

Se dice que los números Ho Tu son extremadamente buenos cuando están en su ciclo creciente o en su apogeo, y muy desafortunados cuando están en su ciclo menguante. Que estén creciendo o menguando depende de la dirección en que esté orientada tu casa.

El 6 y el 1 traen una «suerte de la educación» excelente cuando el ciclo es creciente y la casa mira hacia el este o el sureste. Si tu dirección es 16 o 61, los niños de tu casa serán muy inteligentes y con talento, y traerán honor a tu familia. Esta combinación tiene su apogeo en el norte. Pero esta combinación trae mala suerte y accidentes al patriarca cuando la casa está orientada hacia el sur. En esta dirección, los números 6 y 1 menguan, trayendo influencias negativas.

El 2 y el 7 traen suerte económica a una casa orientada hacia el suroeste o el noreste. En el sur, también son prósperos. Pero si la casa mira hacia el noroeste o el oeste, sus habitantes podrían sufrir enfermedades o accidentes.

El 3 y el 8 traen éxitos en política y la «suerte de la descendencia» a una casa orientada hacia el sur, el este y el sureste, pero perjudican a los niños cuando la casa está orientada hacia el suroeste.

El 4 y el 9 traen una excelente suerte en los negocios a las casas orientadas al norte, oeste y noroeste.

El simbolismo malo o bueno de los números de las casas depende de la dirección en que la casa esté orientada.

Combinaciones de números Ho Tu

1 y 6   2 y 7   3 y 8   4 y 9

Pero cuando la casa está orientada hacia el este y en su dirección postal incorpora los números 4 y 9, la mala suerte extrema afecta a los habitantes de la casa.

El poder especial de estas combinaciones de números Ho Tu se nota normalmente cuando la dirección postal de la casa incorpora una combinación determinada de estos números. Si la tuya tiene una buena orientación, relájate y disfruta de la buena suerte. Pero si tu dirección postal tiene esos números y tu casa se orienta en la dirección menguante, la manera de superar cualquier impacto negativo que puedan tener esos números es sencillamente usar palabras en vez de números cuando te refieras a la dirección postal de la casa; de esa manera, el simbolismo se desvanece de inmediato.

148 Identifica tus números de la suerte a partir de tu fecha de nacimiento

Existe otra manera de identificar los números que te traen buena suerte. Se basa en tu fecha de nacimiento. Si has nacido el 17 de junio, entonces el número 1 + 7 = 8 será un número de la suerte para ti. Cuando este número es el número de la planta de tu oficina, habitación, carretera o distrito, o aparece en tu dirección o en tu apartado de correos te traerá buena suerte. Fíjate que este método sólo utiliza tu número de día reducido a un solo dígito.

Un segundo método utiliza una serie más amplia de números, los que aparecen en toda tu fecha de nacimiento. Por ejemplo, si has nacido el 6 de junio de 1977, entonces los números 661977 te traerán buena suerte. Cualquiera de estos números te traerá buena suerte si figura en algún sitio de tu dirección postal. También puedes reducirlos a un solo dígito sumándolos entre sí. Basándonos en este método, tu número de la suerte sería 6 + 6 + 1 + 9 + 7 + 7 = 36, y luego 3 + 6 = 9, así

Puedes descubrir tus números de la suerte usando ancestrales fórmulas chinas.

que el nueve sería tu número de nacimiento y te traería buena suerte. Cuando empieces a ser consciente de la influencia de tus números de la suerte en tu bienestar, empezarás a creer en su simbolismo. Verás que realmente hay días en que te sientes mejor que otros, que hay días en que te pasan cosas mejores que en otros.

De todas formas, es posible profundizar más en el estudio de la numerología. Casi todas las tradiciones culturales, independientemente de la religión, tienen sus diferentes métodos

El número 3 es un número de la suerte preferido. Representa la creatividad, la suma de la energía de los números 1 y 2.

Encuentra tu número de la suerte

La mayoría tenemos unos cuantos números de la suerte, no sólo uno. Descubrirás que cuando hayas identificado algunos de tus números de la suerte, empezarás a notar que algunas de las cosas buenas que te suceden están asociadas a tus números benefactores. Por ejemplo, si has nacido el 11 de abril de 1949, empezarás a ver que el número 11, que se reduce a 2, es un número de la suerte para ti. Además, también podrás descubrir en qué número se basa tu número de nacimiento sumando todos los números de tu nacimiento: 1 + 1 + 4 + 1 + 9 + 4 + 9 = 29. En este caso, los números se vuelven a sumar así: 2 + 9 = 11.

Estos números suman en total 11 y a continuación se reducen a 2. Así que, en este ejemplo, puedes estar seguro de que el número 11 y su reducción, 2, serán extremadamente afortunados para ti. Si incorporas estos números a tu casa de alguna manera, te beneficiarás de ellos como números de la suerte. Busca una vivienda con una dirección postal que incluya tus números de la suerte en ella. Consigue un número de teléfono que también los contenga.

para calcular los números de la suerte, y lo mejor es que uses el método con el que te sientas más a gusto.

Yo he utilizado mi día de nacimiento y mi número Kua para poder usar mis números de la suerte durante los últimos treinta años y, tengo que decirlo, estos números raramente me han fallado. ¡Ni siquiera en la mesa de la ruleta!

Atrae la buena energía con el símbolo del sol 149

Otra manera de beneficiar tu casa es invocar el sol con su poderoso símbolo, que combina sus rayos con las ocho direcciones de la brújula. Este símbolo místico aparece en muchos sistemas avanzados ancestrales que utilizan una fuente de luz visualizada para las tareas de curación.

Estudia el símbolo que se muestra en esta página con atención. Fíjate en la secuencia que sigue su dibujo. Observa la dirección de los trazos. Utiliza tus dedos para dibujar este símbolo en las habitaciones de la casa que necesitan una dosis de energía solar. Al mismo tiempo que lo dibujes, imagina que estás creando una bola de luz brillante. A continuación visualiza los brillantes rayos de luz que emanan de su interior hacia el exterior y que limpian tus habitaciones con la poderosa energía de la luz. Es un potente símbolo místico que requiere una sencilla visualización. Envía rayos de sol a tu vivienda. Recuerda completar el ritual con el movimiento en zigzag.

Cuándo debes utilizar el símbolo sol

Un buen momento para utilizarlo es cuando algún habitante de tu casa esté enfermo, o cuando alguien pasa por un largo período de mala suerte por lo que se refiere a la falta de oportunidades o pérdida de trabajo. Refuerza y revitaliza la energía presente, y mejora las cosas para aquellos que están sufriendo. Para los que estén muy enfermos, imagina que la luz que visualizas procede de la fuente de luz y que la llevas a la habitación ocupada por el enfermo. Este símbolo tiene el poder de crear energía adicional que ayudará a que todos se sientan mejor.

El símbolo del sol se puede usar para llevar a cabo eficaces curaciones y para energizar la casa. Dibújalo en el aire, siguiendo la secuencia ilustrada más abajo. También puedes incluirlo como parte de una obra de arte o, como en la ilustración, en el diseño de un espejo, para atraer la positiva energía yang a una habitación.

2

3

4

Al mismo tiempo que invocas los símbolos místicos para apelar a la fuente universal de energía, te será muy útil generar la motivación de compasión desinteresada dentro de ti. Piensa en cosas positivas al mismo tiempo que llevas a cabo este ritual. Los símbolos místicos siempre funcionan mejor cuando tus pensamientos e intenciones son buenos. Cuanto más altruista e incondicional sea la energía del amor que se usa para potenciar la invocación de un símbolo particular, más poderoso será.

150 Activa el misterioso poder del símbolo del infinito

Tal vez uno de los símbolos más poderosos que conozco es el símbolo del infinito, que se parece a un número ocho alargado y colocado horizontalmente. Este símbolo estimula instantáneamente la energía de cualquier espacio. Si usas tu índice y tu corazón para dibujarlo al mismo tiempo que caminas por todas las habitaciones de tu casa, sentirás casi de inmediato una positiva diferencia en su energía total.

El ritual

Tan sólo tienes que caminar por la casa en el sentido de las agujas del reloj y usar tus manos para dibujar el símbolo en grandes curvas alargadas en el espacio frente a ti. Al mismo tiempo, visualiza los poderosos rayos de luz que emanan del símbolo y bañan tu casa con un brillo enérgico. El signo del infinito tiene extraordinarias cualidades curativas y protectoras. El humor de los habitantes se suaviza inmediatamente y la ira se transforma en paciencia y tolerancia. La próxima vez que alguien grite en tu casa, sintoniza rápidamente con el espacio y mentalmente dibuja varias veces en el aire este símbolo. Observa lo rápido que la persona enfadada se tranquiliza.

Inténtalo también cuando alguien esté enfermo. Dibuja el símbolo del infinito en la habitación donde duerme el enfermo, camina tres veces alrededor de la habitación en el sentido de las agujas del reloj y deja que el signo despliegue su poderosa magia. Además de invocar regularmente el símbolo del infinito,

Coloca el símbolo del infinito o del número ocho en muebles blandos o en obras de arte para mantener la buena atmósfera de una habitación.

Evocar el signo del infinito usando el índice y el corazón estimula de inmediato la energía de una habitación, limpiando los restos de negatividad que hay en ella.

también tengo una maravillosa figura hecha de cristal sólido y llena de partículas de polvo de oro de 24 quilates en forma de ocho. La figura del ocho se considera como un símbolo beneficioso por sí misma y, por supuesto, es el símbolo del infinito colocado verticalmente. Siento su brillo benefactor en mi casa continuamente, mientras emite el chi auspicioso.

Dibuja el símbolo en un papel

Puedes tener este símbolo grabado en un mueble, o, sencillamente, puedes dibujarlo en un papel y quemarlo para accionar su poderosa magia. De esta manera activarás el misterioso poder del símbolo del infinito. Si «dibujas» físicamente este signo en el espacio situado frente a ti usando tu mano, recuerda siempre que debes usar el mudra de finalización (el zigzag) para conservar sus beneficios.

Crea símbolos personales 151

Existen muchos símbolos diferentes que se pueden invocar para mejorar la sensación de santuario y de confort en el lugar donde vivimos. Mantener las casas limpias y llenas de vitalidad a través de los diferentes reinos de conciencia a menudo requiere que despertemos nuestra conciencia a los diferentes reinos de chi de nuestro alrededor. Sólo entonces podemos disfrutar de las buenas cosas del mundo material y también encontrar la felicidad interior que trasciende el tiempo y el espacio.

En el mundo de la mente, el cuerpo y el espíritu, podemos escoger una serie de aliados trascendentales que pueden convertirse en nuestros guardaespaldas y protectores personales. Pueden ser del mundo animal o del de los pájaros. También podemos escoger símbolos de lo más profundo de la tierra –piedras de todas las formas, tamaños y colores– u objetos de los abismos del océano: perlas, conchas, algas o peces exóticos. La creación de símbolos personales no es muy distinta a la creación de amuletos o talismanes personales.

Los símbolos que son públicos en vez de personales se convierten en insignias empresariales o marcas que expresan los valores de una compañía.

Cómo los cristales se convirtieron en parte de mí

Cuando practicas la concentración para potenciar objetos y símbolos, ganan fuerza sencillamente porque tú les confieres fuerza. Sospeché eso por primera vez a los veintitantos años. Siempre había tenido una gran afinidad con los cristales naturales, así que en la década de 1970, cuando me di cuenta por primera vez de que no podía resistirme a los cristales que se cruzaban en mi camino, seguí mis instintos y me dediqué a darme el gusto de hacerme con ellos siempre que podía. Desde entonces, los cristales han seguido viniendo a mí. La gente me ha ido regalando maravillosos cristales de una y dos puntas, y continuamente he ido recibiendo figuras de cristal.

Siempre los he limpiado y potenciado. Con este fin uso fragancias e incienso y, cuando recito mis mantras y hago mis meditaciones, siempre los tengo cerca.

Mi colección ha crecido y ahora también incluye bolas de cristal compradas en todo el mundo y *malas* de cristal (es decir, abalorios enhebrados en rosarios budistas de 108 cuentas). Y, por supuesto, también soy una gran partidaria de llevar piedras preciosas de colores engastadas en oro y diamantes. Cada pieza de cristal que poseo me proporciona maravillosas sensaciones de seguridad y bienestar. Me siento revitalizada cada vez que las acaricio y las sostengo.

En pocas palabras, se han convertido en mis símbolos personales.

152 Usa el armonioso nudo místico en el salón

Colocar el nudo místico en el salón proporciona calidez a tus relaciones.

Si quieres crear un poderoso ambiente de armonía y amistad en tu casa, mantén tu salón bien energizado y activado. Nunca dejes que se llene de trastos. Coloca también símbolos auspiciosos que activen la energía positiva de su interior.

Tal vez el símbolo más beneficioso para activar en el salón es el nudo místico. Es el nudo del amor interminable, que los amantes pueden llevar para obtener más beneficios y armonía. El nudo es eterno, interminable, sin principio ni fin. El nudo místico es exactamente como el símbolo del infinito, sólo que es el símbolo del infinito multiplicado y magnificado. Puedes dibujar el símbolo en tu espacio y usar incienso para consagrar su presencia invisible. De todos modos, también puedes comprar nudos místicos materiales en forma de colgante de jade que se anudan con cuerdas rojas, que los potencian. Cuelga nudos místicos en cada una de las cuatro esquinas de tu salón. Cuélgalos un poco altos en las paredes. No sólo mejorarán tu vida familiar y las relaciones entre sus miembros se volverán más afectuosas, sino que sus vidas sociales también ganarán calidez y significado. También puedes dibujar el símbolo en un papel y guardarlo doblado en tu cartera, aunque es mucho más poderoso cuando está fabricado con oro.

153 Mejora las relaciones con espejos de latón

Un espejo de latón potenciado puede dar un empuje a todas tus relaciones, ya sean con los seres amados, amigos, empleados y patrones, jefes y colegas, hermanos, padres o hijos. También son excelentes para absorber los sentimientos de animadversión y envidia de los demás. Un beneficio secundario es que también desvanecen los problemas potenciales y cuchicheos dirigidos a ti sin tu conocimiento.

Recomiendo que el espejo de latón sea pequeño, de unos 7,5 cm de diámetro y que tenga dos superficies reflectantes. Es tal vez una de las herramientas más eficaces del feng shui para evitar que tus medios de vida se vean perjudicados por alborotadores. En tiempos de los emperadores, lo usaban muchos

Los espejos de latón te protegen absorbiendo los sentimientos negativos de los demás.

oficiales de la corte china. Durante siglos, su importancia como utensilio para superar la mala suerte ha sido un secreto muy bien guardado por los maestros profesionales, sobre todo los especializados en las prácticas taoístas del feng shui interior.

En el dormitorio, coloca un espejo de latón que haya estado expuesto a la luz de la luna (y por eso potenciado por la luna) de manera que mire a la puerta de la habitación. Eso te garantiza un buen descanso por la noche. En el salón, colócalo en una mesa auxiliar, mirando hacia la puerta principal. En la oficina, colócalo detrás de ti a mano derecha. Los espejos de latón en la oficina te protegen de los chismorreos, los cuchicheos y los alborotadores.

Activa el signo de la cosecha en el comedor 154

Siempre es una buena idea mantener un entorno sin obstáculos en el comedor, ya que es donde la buena fortuna de la casa se manifiesta diariamente en forma de comida en la mesa. Aquí la buena suerte se expresa regularmente y en sintonía con las necesidades de la familia. Así que el comedor siempre se debería considerar el corazón de la casa, un lugar que debe estar limpio y lleno de vitalidad, un verdadero almacén de buen chi. En muchas casas, no se pone la suficiente atención en mantener esta habitación energizada. Debería estar suficientemente iluminada, ser capaz de beneficiarse de las suaves brisas del exterior, y ser espaciosa y clara. Intenta comer en sitios muy estrechos y sentirás la diferencia. Que sea acogedor no es lo mismo que sea agobiante.

En el comedor, los símbolos que reproducen la cosecha, que representa la recolección satisfactoria del trabajo duro y de los esfuerzos, crea un ambiente de abundancia. Así que cuelga un cuadro de fruta recién cogida o de unos granjeros entrando el maíz o el trigo de los campos. Los cuadros de recolección, o de hectáreas y hectáreas de campos rebosantes de maíz, arroz o mijo, son símbolos poderosos de abundancia y, cuando están colocados en un comedor, sugieren que la familia que come ahí nunca carecerá de buena suerte. Siempre habrá mucha comida en la mesa.

El comedor de la casa siempre beneficia a los residentes cuando está decorado con símbolos de abundancia. Si te es posible, puedes instalar un espejo de pared, que doble eficazmente la comida de la mesa.

Fíjate que otra cosa muy distinta es colocar los espejos en la cocina. Los espejos en la cocina traen mala suerte y a menudo provocan accidentes. Pero los espejos en los comedores, sobre todo cuando reflejan signos de cosecha, comida y abundancia, representan muy buena suerte. Los espejos que reflejan campos abiertos, ríos, un lago o sólo el cielo azul también son muy auspiciosos. Compra un solo armario bajo para asegurar que el comedor está siempre libre de suciedad y trastos, y cena con tanta elegancia y confort como puedas. Éste es el secreto del éxito.

Los símbolos de la cosecha incluyen gavillas de maíz, figuritas de maíz, cuencos o cestas con fruta fresca, y pinturas u otros objetos que representen escenas de recolección en los campos o abundante comida en general.

155 Invoca la energía de la luna en todas las habitaciones

La energía de la luna es yin, pero es un tipo de energía yin relajante, benevolente y llena de chi místico, del tipo que resuena positivamente y promueve el crecimiento subconsciente del espíritu. Muchos rituales taoístas relacionados con el arte del chi kung, en el que intervienen los meridianos del cuerpo humano y las capas áuricas, extraen el chi de la luna. Los expertos en chi kung están bien entrenados en la práctica de absorber la energía de la luz de la luna; conseguir esto satisfactoriamente requiere un poco de práctica bajo la orientación de un maestro muy preparado.

Los espejos y la energía de la luna

La energía de la luna también se puede reunir simbólicamente mediante el uso de espejos auspiciosos. Cuando reflejas en un espejo circular la luz de la luna llena, se dice que es capaz de absorber una cantidad importante de energía lunar. Si te colocas mirando la luna y

visualizas su luz penetrando en tu aura al mismo tiempo que respiras rítmicamente, también absorberás un poco del poderoso chi lunar. La clave está en absorber la energía buena, es decir, la luz de la luna durante las ocasiones auspiciosas y los días afortunados. Los chinos adoran la luna llena del quinceavo día del Nuevo Año lunar o durante el festival de la cosecha, a mediados de otoño. Si te olvidas de captar la energía lunar durante los días auspiciosos o si las nubes tapan la luz de la luna, lo mejor que puedes hacer es esperar a la luna creciente, la luna que, gradualmente, va haciéndose más luminosa. La luz de la luna creciente es siempre auspiciosa y afortunada, mientras que la luz de la luna menguante tiene una energía frágil que se va debilitando progresivamente con cada día que pasa.

Para crear un ambiente apacible y acogedor en tu habitación, invoca la energía de la luna usando espejos y cristales.

Potencia los cristales y los espejos con la energía de la luna llena y, a continuación, colócalos al lado de la cama, mirando hacia la puerta de entrada de la habitación.

Coloca los cristales o espejos aquí.

Ventana

Cama

Activa la «suerte de las tres generaciones» en una habitación familiar   156

Uno de los objetos más especiales y auspiciosos que puedes colocar en el salón o el comedor de tu casa es una imagen que muestre al menos tres generaciones de tu familia con una expresión feliz, abundante y próspera. Los retratos familiares constituyen una muestra excelente de la buena suerte de la familia. Los que incluyen tres generaciones –el abuelo, el padre y los hijos– son los más auspiciosos. Las tres generaciones pueden estar representadas por tres varones o también incluir a las mujeres de la familia.

En mi casa, tengo símbolos de la «suerte de las tres generaciones» en el comedor y en el salón, ya que soy una gran partidaria de la armonía y la prosperidad de la familia. Mi madre, mi hija y yo representamos las tres generaciones de mi familia. Mi madre todavía es una señora octogenaria muy sana.

Los padres de mi marido hace tiempo que fallecieron. Para equilibrar nuestro retrato con la energía de los varones, también he colocado en nuestro salón tres generaciones de emperadores en forma de figuras de porcelana.

Al activar la suerte de las tres generaciones, estás generando el chi de la continuidad, continuidad de la prosperidad y de la buena salud, y abundante suerte a la descendencia. Los chinos siempre han sido una comunidad muy pragmática. Saben que éstas son las tres aspiraciones principales que conducen a las personas a realizarse y a la felicidad. Los chinos se refieren a todos los otros males como fabricaciones de la mente. Así que los símbolos para la continuidad de la buena suerte de la familia deberían estar siempre presentes en las vidas de los miembros de la familia.

Potencia tu casa con el símbolo de la longevidad   157

Los chinos se refieren al símbolo de la longevidad como el amuleto supremo. Es muy fácil de identificar y hacerse con él porque está presente en muchos objetos fabricados en China, piezas decorativas hechas de porcelana y jade, jarrones, muebles, joyas y ropa. Está presente en muchas ropas de seda compradas en los emporios comerciales de arte chino y estaba presente en todos los vestidos imperiales que llevaban el emperador chino y los miembros de su familia. Si por casualidad posees una figura del auspicioso dios de la longevidad –un viejo hombre medio calvo que lleva un melocotón y un largo cayado– verás que la ropa que lleva tiene el símbolo de la longevidad.

Hay muchas versiones modernas de este símbolo, que no sólo representa la larga vida, sino que también actúa como protección contra la muerte no natural, los accidentes, el asesinato, los robos, el terrorismo... Cuando potencias tu casa y tu cuerpo con el símbolo de la longevidad, creas energía para una buena salud y una larga vida con una muerte natural. Así que decídete a colocar uno en tu casa.

El símbolo de la longevidad se puede usar como motivo decorativo o también puede llevarse en forma de joya.

158   Potenciaciones procedentes de los árboles

En estos últimos años, muchos rituales taoístas para sintonizar con el valioso chi de la fauna y la flora han sido revelados, ya que muchos maestros han decidido mostrar sus secretos al mundo. Una de las maneras más poderosas de sintonizar con el chi de una ciudad, o de una zona, es identificar el árbol más viejo del parque o del vecindario y fundirse con su chi. Siempre debes buscar un árbol sano, con ramas llenas de hojas anchas y gruesas. Cuanto más grandes sean las hojas y más grueso sea el tronco, más generoso será el árbol. Busca un árbol que esté en un lugar estratégico desde donde se puedan ver muchas cosas y que normalmente esté rodeado de mucha gente. Los árboles así poseen una gran sabiduría.

Medita con los árboles

Conectar con el chi de un árbol es muy sencillo si estás acostumbrado a meditar con regularidad. Colócate frente a él durante unos pocos minutos, dejando que se dé cuenta de tu presencia y te empiece a conocer. Puedes sentarte debajo del árbol a hacer un picnic antes de esto. Después de un rato, sentirás si existe alguna afinidad entre los dos. Si existen buenas vibraciones entre tú y el árbol, apreciarás que lo más natural del mundo es colocar tus palmas planas encima del tronco. Algunas personas experimentan una oleada de energía inmediata cuando hacen esto; otras, necesitan un poco más de tiempo. Cierra los ojos suavemente y sintoniza con la enorme sabiduría del árbol.

La energía de los árboles es muy sólida. Tienen vida propia y también pueden procrear. En chino, el chi de los árboles es conocido como *sheng chi* o chi del crecimiento. La esencia de la energía de los árboles es siempre energía de crecimiento, porque la madera es el único de los cinco elementos que crece. De los cinco diferentes tipos de chi –agua, fuego, metal, tierra y madera–, el que se encuentra en los árboles es el de la energía de la madera. Ésta es excelente para las personas de fuego o para los que necesitan la calidez del elemento de fuego, porque la energía de la madera produce energía de fuego.

La energía de los árboles para alcanzar la fama

Si necesitas reconocimiento o éxitos en tu trabajo, exámenes, o cualquier proyecto en el que estés trabajando, y te sientes frustrado o desanimado, pasea por un parque o campo, rodeado de la energía de la madera de los poderosos árboles viejos.

Canaliza la energía de la tierra a través de las raíces de los grandes árboles

S i necesitas la energía del suelo de la tierra, probablemente podrás aprovechar la ayuda de estos viejos árboles. Piensa en el sistema de raíces de estos grandes árboles, escarbando en lo más profundo de la tierra, enviando miles de pequeñas raíces hacia todas partes. Puedes visualizar cómo el chi de la tierra se canaliza desde allí a través de esta poderosa red de raíces.

Recuerda que no todos los suelos tienen la misma historia o procedencia, y verdaderamente no todos los países son iguales. Como habitante de Malasia, que fue un país en vías

de desarrollo durante mucho tiempo, estaba deseando poder sintonizar con el chi «rico» de los parques de ciudades prósperas como Londres o Nueva York, y de estados como California.

Siempre me ha gustado canalizar la energía de la tierra de los árboles que he encontrado en los bosques de secuoyas de California del Norte y los pinos de Colorado, donde he pasado muchas temporadas felices esquiando en las pistas del valle y en las áreas de esquí cercanas. Normalmente sólo tardo unos minutos y parece que consigo un estímulo de fuerza y coraje cada vez que abrazo algún árbol y visualizo el chi de la tierra llenando mi cuerpo. Escoge un árbol de apariencia sana, quizás el más grande del parque, y dale un abrazo.

Chi de la tierra para el coraje

El chi de la tierra es muy reconfortante. Te da coraje y fuerza, y es como sentir una inyección de energía. Es gratis y no tiene efectos secundarios. Éste es el valor incalculable de muchas de las prácticas secretas taoístas, no requieren accesorios, sólo tu cuerpo y tu conocimiento. Es el motivo por el que la posesión de los conocimientos es tan valiosa, ya que cuando sepas cómo extraer la fuerza, la vitalidad y el coraje de la naturaleza, serás capaz de entrar en un vasto almacén de chi que te proporcionará salud y riqueza. Recuerda siempre que, para absorber nueva energía, tu mente debe estar limpia y ser sencilla.

De todos modos, siempre debes devolver todo lo que recibes, porque eso es lo que mantiene el chi en movimiento.

Las raíces de los árboles canalizan la energía de la tierra.

160 Una limpieza espiritual usando el mantra de la limpieza

Existe un mantra muy especial que me enseñó mi muy apreciado gurú, uno de los más importantes lamas, cuya humildad es legendaria. Su nombre es Lama Zopa Rinpoche, y su título es Kyabje, que significa Señor del Refugio. Yo le llamo por el honorífico Rinpoche, que significa «el valioso» en tibetano. También es el honorífico por el cual son conocidos los lamas de reencarnación oficialmente reconocida en las tradiciones budistas tibetanas. Es un término de respeto, pero también de afecto, que los estudiantes conceden a sus profesores más venerados.

En el transcurso de mi aventura enseñando feng shui, he tenido mucha suerte al encontrar a Rinpoche. Durante los últimos cinco años Rinpoche me ha dado muchos ánimos para continuar con lo que estoy haciendo, y sus consejos me han ayudado mucho. Rinpoche me ha recomendado encarecidamente que use el feng shui para hacer tanto bien como me sea posible, para aligerar la carga de la vida de la gente. Su consejo siempre ha sido generar la motivación correcta, que es la compasión por todos los seres vivientes, y en este espíritu y contexto es en el que me complace poder enseñaros este sencillo mantra de limpieza. Sólo son dos palabras. Al mismo tiempo que barras, limpies, pases la aspiradora y quites el polvo de las superficies de tu casa, repite en silencio este mantra de limpieza una y otra vez en tu mente.

Esta manera de implicar tu mente a medida que vas limpiando tu espacio de vida añadirá una dimensión espiritual al acto físico de la limpieza. Transforma una tarea doméstica sencilla y mundana en Dharma (palabra en sánscrito usada por los hindúes y tibetanos, que se puede traducir como virtud, conducta moral, o trabajo «de» o «en» verdad) porque, al limpiar y recitar, visualizas cómo barres todas las cosas negativas que pueden estar presentes. La limpieza espiritual elimina toda la suciedad, no sólo física, sino también de todos los intangibles del karma negativo que cada uno lleva y constantemente crea.

Después de llevar a cabo esta sencilla actividad realizada a diario durante un año, observa lo poderosa que se ha vuelto tu práctica espiritual. Tu casa estará limpia de todas las actitudes y pensamientos negativos, llena de vitalidad espiritual. Imagina lo suave que puede volverse el flujo de la vida cuando se retiran todos sus obstáculos.

La limpieza espiritual es física y mental. El incienso purifica ambos niveles, así que es bueno quemarlo después de una limpieza.

El mantra de la limpieza
Durupang, Timapang

A medida que limpies o barras, repitiendo este mantra para tus adentros, piensa: «Esto barre todos los envilecimientos, pensamientos negativos y obstáculos de nuestras vidas que nos impiden despertar a la verdadera naturaleza de todas las cosas. Esto también disuelve toda la ira, el apego, y la ignorancia de nuestras mentes».

Crea un altar para abrir caminos hacia la espiritualidad   161

No importa qué fe profeses. Si quieres abrir caminos que te conduzcan a crecer en la conciencia de todo lo espiritual, debes considerar la construcción de un pequeño altar doméstico. Los altares expresan aspiraciones espirituales, y el mejor tipo de altar es el dedicado a la presencia del dios al que estamos más acostumbrados y con el que nos sentimos más cómodos. Soy una de esas personas que cree que «dios» es una palabra que significa y personifica al bien supremo de nuestro interior.

Tengo muchos altares en casa y crean un maravilloso río espiritual de energía realmente muy hermoso. Cuando la infelicidad aparece en la casa, se evapora muy rápidamente. Cuando hay ira, también se disipa en un abrir y cerrar de ojos, y cuando alguna persona de la casa padece miedo, insatisfacción o frustración, siempre pasa algo que nos distrae de nuestras emociones negativas.

Mis altares son bastante elaborados, con grandes cantidades de las cinco ofrendas que se asocian normalmente a los altares: flores, agua, alimentos, incienso y luces. He aprendido a cambiar estas ofrendas a diario para invocar la presencia espiritual de las fuerzas cósmicas que bendicen mi casa y que engendran en nosotros todo el deseo de vivir vidas virtuosas y ser beneficiosos para los demás. La virtud en este caso no significa ser un santo, sino observar los principios básicos de no perjudicar a los demás y no cometer excesos.

Puedes montar tu propio altar a partir de los objetos que más te funcionen. A menudo me preguntan si los altares deben estar consagrados, y yo recomiendo que preferiblemente lo estén. Pero, de nuevo, depende de ti. Lo que defiendo es el concepto de que, invitando la presencia de tu dios en tu casa, crees una energía espiritual que sólo te pueda hacer bien.

Los altares no tienen que ser tradicionales: colocar objetos eclécticos que te gusten puede elevar tu ánimo.

162 Coloca un obelisco de cristal potenciado con mantras

Otra práctica espiritual excelente que he adoptado de mi experiencia con los monjes y monjas de varios monasterios que he visitado y sigo visitando, es la limpieza espiritual inmensamente eficaz del espacio que tiene lugar cuando se colocan mantras sagrados en la casa. De todos modos, éste no es un hábito limitado sólo a los budistas.

A los creyentes de todas las tradiciones espirituales les gusta colocar plegarias y refranes religiosos. Por ejemplo, he estado en casas cristianas que gozan de una energía espiritual muy hermosa porque en las paredes cuelgan sagradas escrituras o las palabras de Jesús. También he estado en casas musulmanas que transmiten una sensación de paz increíble, y he observado que, colgando por encima de las puertas y en las habitaciones, había palabras del sagrado Corán bellamente escritas. Lo que he observado es que el impacto de estas frases espirituales se magnifica maravillosamente al combinar el feng shui con ellas.

Mantras y cristales

El mantra «Om Mani Padme Hum» (parte inferior) y, a la derecha, en la parte superior, un cristal con la inscripción en oro de un mantra sagrado.

Una manera de magnificar la poderosa energía de los mantras y las escrituras sagradas es escribirlos en cristales naturales. Como el obelisco es una de las formas más poderosas espiritualmente hablando, creo que escribir el mantra en un obelisco de cristal y, a continuación, colocarlo en el salón, con una luz brillante que lo ilumine, cambia instantáneamente la energía de una habitación. Recomiendo el obelisco por su especial poder magnificador. Los símbolos emanan vibraciones que, cuando se transmiten, penetran y potencian las habitaciones con sus propiedades especiales. La forma del obelisco es especialmente fuerte. Si dudas sobre su poder, piensa en los símbolos de obeliscos de Washington, Londres, París y muchas otras ciudades.

También puedes usar un cristal natural con una punta, o una bola de cristal, pero el obelisco es lo que funciona más rápidamente. También puedes escribir las poderosas palabras sagradas «Om Ah Hum» en el cristal. Introducir esas tres palabras en tu casa bendice todas las cosas y objetos de su interior con una esencia espiritual de bien supremo. También puedes usar el poderoso mantra «Om Mani Padme Hum» –«Ave, oh joya en el loto»– que es un mantra para el buda de la compasión. Usa un bolígrafo de tinta dorada para este fin.

Un ritual de fuego especial para limpiar la esencia espiritual de la casa

Este ritual del fuego especial es un gesto poderosamente simbólico, que puedes realizar cuando hagas la limpieza espiritual de tu casa a finales de año. Elige una esquina tranquila de tu jardín que sea lo bastante grande como para que puedas hacer una pequeña hoguera en ella. Necesitarás un taburete para sentarte mientras llevas a cabo el ritual. También necesitarás un poco de carbón, trozos de madera seca, gasolina y objetos simbólicos que representen las cosas de las que te quieres librar.

En las visualizaciones, los escorpiones, las serpientes y las ranas pueden representar cosas negativas que abandonan el cuerpo a medida que la mente se purifica.

El ritual de limpieza del fuego

Considera todas las cosas negativas de tu vida que quieras eliminar, todos los rencores que puedas tener, todo el dolor que todavía guardas en tu interior. El ritual del fuego quema todas las cosas que te hacen infeliz. Puedes escribir todas las cosas que te exasperan, te frustran o te enojan, todo aquello que ha pasado durante el año y de lo que realmente te quieres librar, cosas que fueron mal y experiencias que no quieres repetir. El fuego quema todos tus problemas e infelicidades, así que anótalos en un papel y ponlos aparte para quemarlos.

A continuación, compra algunos granos de mostaza negra y sésamo negro, que representan todo lo malo y palabras airadas que has dicho, y los chismorreos que has transmitido, que han provocado sufrimientos a los demás. Eso hará que te purifiques de todas las cosas que has hecho durante el año que han ofendido o causado sufrimiento o infelicidad a los demás. Colócalas aparte para echarlas al fuego.

Finalmente, dibuja un pequeño escorpión negro, una pequeña serpiente negra y una pequeña rana negra en un trozo de papel. Representan todos los cuchicheos, las frivolidades o chismorreos, y las intenciones perjudiciales o maliciosas que se hallan en tu camino. Corta los dibujos y déjalos aparte. También se consumirán en la hoguera.

Ahora cava un agujero en la esquina del jardín que hayas elegido para la hoguera. El mejor momento para este puja de fuego es durante la tarde, entre las 5 y las 7. Dibuja el símbolo del infinito en un trozo de papel y colócalo en el suelo del agujero. Pon un poco de carbón encima del papel y enciende el fuego. Entonces coloca un par de maderas secas encima. Intenta que la hoguera queme bien. Cuando veas que empieza a quemar, siéntate frente a ella y contempla todo lo que echarás al fuego. Primero, tira al fuego los dibujos del escorpión, la serpiente y la rana; cuando quemen, imagina que todas las profanaciones y males de tu espíritu causados por los chismorreos y las dificultades que te ponen los demás se disuelven, se limpian y se purifican.

Echa el papel en el que has anotado las personas, los acontecimientos y las cosas que te han ofendido, enfadado y molestado. A medida que observes cómo el fuego consume el papel, apártate

de todas esas emociones y sentimientos negativos y siente que estás completamente libre de ellos. Si sientes miedo, piensa que el fuego también consume todos tus miedos. Con este ritual, puedes ser tan egocéntrico como quieras. No permitas que el fuego se apague hasta que hayas acabado el ritual. Añade gasolina o alcohol de quemar si es necesario.

Ahora recoge los granos negros de mostaza y de sésamo. Imagina que representan todos tus malos pensamientos, las acciones dañinas y las intenciones malvadas. Cuando las semillas quemen, piensa que estos aspectos negativos de ti mismo y de los que te rodean se limpian, se disuelven y se purifican. Ésta es la parte más importante del ritual, porque es muy importante limpiar tu entorno de todos los pensamientos y acciones negativos, tanto tuyos como de los demás, –tanto si se cometen consciente como inconscientemente. A medida que vayas lanzando los granos a la hoguera, experimenta un sentimiento de remordimiento y arrepentimiento por haber causado dolor o pena a los demás. Asegúrate de que quemas todos los granos que has comprado. No dejes nada por el camino.

Cuando acabes, deja que el fuego se apague y entonces tapa el agujero. Piensa que la tierra ha consumido todas las cosas negativas. El objetivo de este ritual es hacer que te sientas purificado y que notes que tu entorno también está purificado.

164 Invoca a los cuatro guardianes-protectores de tu casa

Existen cuatro guardianes simbólicos que los chinos generalmente ponen en sus casas. Son conocidos como los Cuatro Reyes Celestiales en las leyendas chinas y como los Cuatro Protectores Dharma en las historias budistas del Tíbet. Estos guardianes absorben las tentaciones y el mal de los espíritus que provienen de los cuatro puntos cardinales. Colocándolos en casa mantienes alejado cualquier daño causado por los espíritus y las entidades de otras dimensiones que provocan enfermedades, accidentes y daño a los habitantes.

De qué manera ayudan los cuatro protectores

Los cuatro guardianes celestiales nos protegen del daño que nos podemos hacer a nosotros mismos, que normalmente es el resultado de acciones no virtuosas como asesinar, robar y actuar sin honor o de una manera malvada. Por eso son conocidos como los protectores del dharma. Nos protegen del mal y de las partes negativas de nuestro ser. Cada unos de los cuatro guardianes sostiene una herramienta simbólica única para sus actividades, y cada uno custodia una dirección diferente de la brújula.

El guardián del este: Mo Li Ching sostiene una espada mágica con las palabras «tierra, agua, fuego y viento» en su hoja. Su espada es de metal para superar el chi de la madera procedente del este. Debería colocarse mirando hacia el este.

El guardián del oeste: Mo Li Hai sostiene una mandolina de cuatro cuerdas, que, al tocarla, hace que caigan grandes bolas de fuego del cielo, destruyendo así la energía del metal del oeste. Debería colocarse mirando hacia el oeste.

El guardián del sur: Mo Li Hung sostiene un paraguas mágico. Al abrirlo, crea la oscuridad total, desafiando a la energía del fuego del sur. También puede desencadenar maremotos y terremotos que pueden destruir todas las fuerzas negativas. Debería mirar hacia el sur.

El guardián del norte: Mo Li Shou sostiene una perla en una mano y una serpiente en la otra. A veces se le representa sentado en un elefante. Debería estar orientado hacia el norte para superar la mala energía que proviene de ahí.

De izquierda a derecha: Mo Li Chung, guardián del este; Mo Li Hai, que protege el oeste; Mo Li Hung, guardián del sur, y Mo Li Shou, guardián del norte.

Coloca los ocho tesoros preciosos en tu casa 165

Los ocho tesoros preciosos simbolizan la prosperidad, la riqueza y la abundancia que se manifiestan de ocho maneras diferentes. La presencia de los ocho tesoros preciosos crea un ambiente espiritual poderoso cuando ofreces mentalmente estos tesoros y dedicas al dios supremo la buena suerte que traen.

Estos preciosos tesoros aparecen de una manera prominente en las ofrendas de mandalas que los budistas crean en sus mentes como parte de su práctica meditativa cotidiana. Son, por tanto, unos símbolos muy eficaces e importantes, cuya presencia en la casa contribuye enormemente a la creación de una presencia espiritual relajada en su interior.

Estos tesoros preciosos son:

1 El jarrón precioso, que representa la paz y la serenidad de una casa. También es el jarrón de la riqueza, que simbólicamente representa la fortuna y los bienes de la familia. Cuando proteges el jarrón y lo tratas con cuidado, estás salvaguardando tus bienes y verás cómo se multiplican.

2 La rueda preciosa, que representa la realización del conocimiento y el logro de los honores escolásticos más elevados.

3 La joya preciosa, que representa la riqueza en sus formas más hermosas de tesoros de la tierra: oro, diamantes y piedras preciosas.

4 La reina preciosa, que representa la poderosa fuerza matriarcal que mantiene la familia junta, unida, fuerte y con capacidad de recuperación.

5 El general precioso, que representa la seguridad y protección de la casa y de sus habitantes.

6 El ministro precioso, que se encarga de las cuestiones administrativas y garantiza que la vida fluya satisfactoriamente y sin complicaciones.

7 El caballo precioso, que proporciona reconocimiento y fama a la casa, y asegura la transmisión de tu buen nombre.

8 El elefante precioso, que proporciona una gran cantidad de herederos varones, una verdadera personificación de la suerte de la descendencia.

166 Magnifica la energía sagrada con objetos sagrados

Si quieres que tu vivienda se convierta en un lugar sagrado, tener objetos sagrados dentro de ella que te ayudará a conseguirlo de una manera rápida y eficaz. Los objetos sagrados funcionan como poderosos símbolos que se comunican con nosotros en dimensiones más elevadas de conciencia. Pueden ser cuadros e imágenes religiosos o estatuas de divinidades. Cada una de las principales tradiciones religiosas tiene imágenes verdaderamente sensacionales, cuadros y obras de arte que se pueden colocar en la casa, darles un lugar respetable y preminente y, si así lo deseamos, incluso consagrado.

Cuando introduces los objetos de cualquier creencia en tu casa, estás creando energía espiritual en su interior. Los objetos sagrados magnifican el chi espiritual sólo con su presencia. Por eso muchos chinos tienen la imagen de Kuan Yin –la diosa de la clemencia y la compasión– en sus casas. Para muchos chinos, Kuan Yin es el objeto sagrado supremo. Sienten que, sólo con su presencia, la casa se beneficia de sus bendiciones.

Si compras arte sagrado, entérate siempre de su historia y de la manera en que se debe colocar o exhibir.

Trata los objetos sagrados con respeto

La energía espiritual es algo verdaderamente difícil de explicar. Debe sentirse y experimentarse. Yo siempre aconsejo a las personas que conozco que deberían saber elegir a la hora de introducir objetos sagrados en sus casas. Precisamente porque se trata de imágenes sagradas, es mejor que sólo coloques las que tienen un significado para ti. No pongas imágenes extrañas a las que seas completamente ajeno; debes ser capaz de reconocer las imágenes de dioses y divinidades que pongas en tu casa. Si proceden de un país que no conoces, es siempre una buena idea preguntar cómo se deberían exhibir y si hay algún tabú relacionado con su exposición.

Casi siempre siento una sacudida cuando veo alguna cabeza de Buda en casa de alguien. Aunque estoy segura de que la gente que los coloca en sus casas no tienen ninguna intención irrespetuosa, siento una gran tristeza cuando me doy cuenta de que estos antiguos objetos sagrados pueden haber sido saqueados de suelo sagrado y de los templos. También he visto imágenes de Kuan Yin como pies de lámpara y de mesa; me muero de vergüenza delante de esta exhibición irrespetuosa de lo que para millones de personas es una estatua de devoción. La norma general es tratar todos los objetos sagrados con el máximo respeto. Si los invitas a que entren en tu casa, coloca al menos una ofrenda frente a ellos, incluso sólo una vela que brille sobre su belleza. De esta manera no pensarás en ellos como parte de la decoración, sino como algo que aumenta el chi espiritual de tu casa.

Cuenta con amigos espirituales de otros reinos   167

Puede que algunos de los que leéis estas páginas seáis conscientes de que todos tenemos amigos espirituales, guías espirituales y compañeros astrales de otros reinos. Cuando limpiamos nuestro espacio e invitamos al chi espiritual, también estamos abriendo las puertas a los otros reinos y dimensiones de existencia.

Los que sean lo suficientemente afortunados para haber vislumbrado una ventana hacia ese mundo invisible, saben que esta conciencia es algo que se puede desarrollar, expandir y acelerar. Hay tanta gente que se presenta contando experiencias en otros reinos de existencia, donde hablan con los seres, los pájaros y los animales, que estoy convencida de que tenemos muchos amigos de otras dimensiones, ¡más de los que imaginamos!

Coincidencias y mensajes

Para abrir un poco más la ventana hacia aquellos mundos, sintoniza conscientemente con las pistas y coincidencias cuando se den. Desarrolla tu sensibilidad a los mensajes de los reinos cósmicos. Por ejemplo, si siempre ves una determinada planta, o entras en contacto con cierto animal, interprétalo como un mensaje a través de los reinos. Los mensajes llegan en los libros que se cruzan en tu camino (incluso éste), en las imágenes que aparecen en el momento en que pones la televisión, la primera cosa que ves en la calle cuando vas a trabajar, el objeto de una conversación telefónica, en el autobús, en el trabajo. Debes prestar atención a los temas recurrentes. Suma todas esas coincidencias y observa si realmente te quieren transmitir un mensaje.

Encuentra a tus amigos espirituales

Mucha gente tiene afinidades con determinados animales, ciertas flores, o con un tipo de pájaro o pez. Puede que ésos sean sus amigos de otro reino. La próxima vez que vayas a una muestra de arte, fíjate en si hay algo que capte tu atención. Observa si hay algo a lo que no te puedas resistir. Las imágenes que te tocan la fibra sensible siempre tienen un significado.

La primera vez que puse los ojos en un cuadro tibetano thangka, literalmente se me cayó la baba; no podía apartar los ojos de sus llamativas imágenes. Más tarde, cuando fui a Nepal, me dirigí a una tienda thangka y pasé dos días mágicos asombrada por esos cuadros. Hoy mi casa está llena de muchos cuadros thangka con diferentes budas. Por supuesto, me encanta pensar que esos budas son mis amigos, que me han seguido a través del espacio y del tiempo y que me siguen enseñando durante mi vida en esta existencia. Sean lo que sean o lo que puedan ser, seguir mis instintos ha provocado un cambio enorme en mi conciencia espiritual.

168 Canaliza la luz universal en tu casa

Me he dado cuenta de que todos sacamos fuerzas, coraje, esperanza y conocimientos de una fuente universal de luz. Si no nos preocupamos por las palabras que decimos y lo que significan, y en vez de eso nos concentramos en nuestras experiencias reales, estamos a medio camino de entrar en esta fuente de luz universal.

Si creas una imagen visual de esta fuente de luz universal en tu mente, y un canal a través del cual la luz de esta fuente llega a tu casa, la esencia espiritual de la energía que entra en tu casa te llenará de una misteriosa felicidad. Siente cómo esa luz disuelve todo lo que está sucio, que huele mal y que no sabe a nada, dejando atrás sólo lo que es hermoso, sustentador e integrador. Este proceso, que empieza con una sencilla limpieza física del espacio y sigue con la limpieza de lo que tenemos en la mente, nos conducirá a los reinos espirituales y a la verdadera limpieza del espacio y de la mente.

Cuando tiras todas las cosas que te impiden avanzar, se abren puertas a los reinos mágicos donde todas las cosas son posibles y donde las experiencias tienen siempre un final feliz. Alcanzar este estado de realización requiere esfuerzo, dejarse llevar y realizar un giro drástico en lo que es ilimitado. Empieza, entonces, por tu vivienda, y después sigue con tu mente. Recuerda que las experiencias cambian según la persona y el momento, pero somos mejores personas por haber encontrado un nivel nuevo y más profundo de conciencia.

Un espacio despejado de objetos inútiles nutre la mente, el cuerpo y el espíritu, creando un ambiente especial en la casa.

Índice

Créditos de las fotos